Abram Rutgers

Wellensittiche

PFLEGLICH GEHALTEN UND KUNDIG GEZÜCHTET

64 Farbbilder, 20 Zeichnungen
und 30 Tabellen über
theoretische Zuchtergebnisse
bei der Farbenvererbung

Dritte Auflage

Verlag Eugen Ulmer Stuttgart

Übersetzung aus dem Englischen und deutsche Bearbeitung
von Ulrike und Ernst-August Bielefeldt, Hamburg-Wedel
Farbillustrationen von K. J. Heinzel und R. A. Vowles

Das Einbandfoto (Horst Bielfeld, Hamburg) zeigt
5 Schauwellensittiche (Hähne) englischen Ursprungs,
von links nach rechts: Normal-Grau, Normal-Hellgrün,
Normal-Himmelblau, Opalin-Hellgrün, Zimt-Himmelblau

CIP-Kurztitelaufnahme der Deutschen Bibliothek

Rutgers, Abram:
Wellensittiche: pflegl. gehalten u. kundig gezüchtet/Abram Rutgers. [Übers. aus d. Engl. u. dt. Bearb. von Ulrike u. Ernst-August Bielefeldt. Farbill. von K. J. Heinzel u. R. A. Vowles]. – 3. Aufl. – Stuttgart: Ulmer, 1979.
Einheitssacht.: Budgerigars in colour ‹dt.›.
ISBN 3–8001–7131–7

Titel der englischen Ausgabe (edited by Cyril H. Rogers, F.B.S.A.):
Budgerigars in Colour, Their Care and Breeding

Printed in Germany
Umschlaggestaltung: A. Krugmann, Stuttgart
Satz: Ungeheuer+Ulmer KG GmbH+Co., Ludwigsburg
Druck: Offsetdruckerei Grammlich, Pliezhausen

Inhaltsverzeichnis

Vorwort

Seit ungefähr 125 Jahren ist der Wellensittich bekannt. Im Laufe dieser verhältnismäßig kurzen Zeit wurde er zu einem der beliebtesten Heimtiere. Seine erstaunliche Beliebtheit ist keineswegs auf Europa begrenzt. In Asien und Amerika sind Wellensittiche bei Millionen von Menschen zu Hause.
Mit den Jahren fand eine beträchtliche Anzahl von Mutationen Aufmerksamkeit und Ansehen. Es gibt heute Züchter, deren ganzes Bestreben dahin geht, neue Farbvariationen zu erzielen. Sie haben erkannt, daß jede neue Farbe ihren eigenen Reiz hat und meist sehr gefragt ist. Abgesehen von berufsmäßigen Züchtern halten Tausende von Vogelliebhabern Wellensittiche, nicht nur wegen ihrer bezaubernden Farbvariationen, sondern weil sie auch als Volierenvögel sehr beliebt sind.
Irgendwann hat jeder Wellensittichzüchter einmal den Wunsch, andersfarbige Vögel zu züchten. Obwohl er immer ein geeignetes Paar kaufen kann, befriedigt es ihn mehr, durch richtige Verpaarung die begehrte Farbe selbst zu erzielen. Von Zeit zu Zeit mag es notwendig sein, einen bestimmten Vogel mit gewissen Erbfaktoren zu kaufen. Zwischen dem Kauf von guten Vögeln für die Zucht und dem Selbstzüchten durch richtige Auswahl in der Verpaarung liegt jedoch ein riesiger Unterschied.
Wie uns die Erfahrung zeigt, gibt es immer wieder begeisterte Menschen, die Wellensittiche züchten möchten, selbst wenn sie zuvor noch keine solche Vögel hielten. Um jedoch erfolgreich in der Zucht zu sein, ist viel Erfahrung und Wissen erforderlich. So wurde dieses Buch in zwei Teile gegliedert. Der erste Teil führt in die allgemeinen Fragen der Haltung und Pflege ein, der zweite gilt der Kunst der Farbenzucht.
Ich weiß, es gibt Züchter, die ohne theoretische Vorkenntnisse Versuche in der Farbenzucht unternehmen. Diese Züchter verpaaren einfach ihnen geeignet erscheinende Vögel und hoffen auf vollen Erfolg. Sehr gewissenhafte Züchter stellen eigene Zuchttabellen auf, bevor sie mit ihren Experimenten beginnen. Dieses Buch soll beiden Züchterkreisen dienen.
Es ist wichtig, so viel wie möglich, wenn nicht sogar alles über Gewohnheiten und die Haltung der Wellensittiche zu wissen. Ich habe mich bemüht, alle diese Kenntnisse im ersten Teil dieses Buches zusammenzustellen. Der

zweite Teil soll dem Züchter die Wege der Farbenzucht zeigen. Wenn die angegebenen Erbgesetze sorgsam gelesen und dann bei der Verpaarung angewendet werden, werden die Erfolge nicht ausbleiben.
Zuchtversuche werden in der ganzen Welt durchgeführt. In manchen Ländern haben Züchter Mutationen erzielt, die äußerlich zwar bekannten Mutationen ähneln, jedoch das Ergebnis einer völlig unterschiedlichen Anordnung von Erbfaktoren sind.
Die 64 Farbbilder auf den Seiten 33–64 zeigen Beispiele für jede Gruppe von Wellensittichen, wenn auch nicht alle Farbschattierungen und Varietäten dargestellt sind. Wenn die Kapitel über die einzelnen Gruppen im Zusammenhang mit dem Farbstandard (Seite 17–31) gelesen werden, dürfte der Leser alle verschiedenen Farbkombinationen erkennen können.

A. Rutgers

Vorwort der Übersetzer

Der kleine, anmutige und lebhafte australische Papagei *Melopsittacus undulatus* hat sich durch seine leichte Haltung und Zuchtwilligkeit rasch die Gunst der Züchter erworben. In der verhältnismäßig kurzen Zeit von etwa 130 Jahren gelang es, die starke Mutationsneigung des Wellensittichs auszunutzen und eine vielfältige Reihe von Farbvariationen züchterisch sicher zu verankern. Der geschickten Hand hervorragender Wellensittichzüchter ist es überdies zu verdanken, daß aus dem anfänglichen Wildtyp durch systematische Zuchtauswahl ein bedeutend größerer und in der Gestalt veränderter neuer Wellensittichtyp entstand. Diese Variationsbereitschaft des Wellensittichs und die Möglichkeit seiner umfangreichen Zucht auf relativ kleinem Raum mit verhältnismäßig geringem Aufwand führte zu einer weltverbreiteten Leistungszucht des heute Schauwellensittich genannten, größeren, edlen Vogeltyps.
In vielen Ländern bildeten sich Zuchtvereinigungen mit hohen Mitgliederzahlen, die immer neue Anhänger in ihre Kreise ziehen. Schnell wurden anfänglich in einigen Ländern verschiedene Einheitsstandards geschaffen, nach denen die begeisterten Leistungszüchter ihre Zuchtziele ausrichteten. Der darauf einsetzende internationale Kontakt unter den Züchtern ergab dann bald, daß sich viele Länder, zu denen auch die Bundesrepublik zählt, auf einen internationalen Einheitsstandard einigten. Danach gilt jetzt der englische Standard von 1968.
England als das klassische Land der Kleintierzucht gilt auch heute noch als die Hochburg der Schauwellensittichzucht. Aufbauend auf den englischen

Pionierarbeiten breitet sich die Schauwellensittichzucht auch hier bei uns immer weiter aus. Das bewährte Schauwesen der großen englischen Züchtervereinigung "Budgerigar Society" wurde in nur etwas abgewandelter Form von der Austauschzentrale der Vogelliebhaber Deutschlands e.V. (kurz AZ genannt) übernommen. Heute zählt diese Vereinigung allein in der Fachsparte der Wellensittichzüchter mehrere tausend Mitglieder, und jedes Jahr kommen neue begeisterte Anhänger der Schauwellensittichzucht hinzu.

Ein bedeutender englischer Züchter meinte einmal im Gespräch: "When I get interested in budgerigars, I get headaches, boom, boom, boom ...", und er pochte mit dem Zeigefinger gegen seine Stirn. Übersetzt meinte er damit etwa: Wenn einer erst einmal ein Fünkchen Interesse an Schauwellensittichen gefunden hat, dann geht ihm diese Sache nicht mehr aus dem Kopf. Und so ist es, übertragen gesprochen, wirklich. In England ist es mit der Schauwellensittichzucht so, daß man fast von einem nationalen Hobby sprechen kann. Und von dort aus strahlt die Begeisterung in alle Welt.

Was ist es nun, daß dieses Schauwesen um den kleinen Vogelgesellen so viele Anhänger in seinen Bann zieht? Ist es der Reiz des aufregenden Spiels mit den Erbfaktoren, daß der Züchter gespannt etliche Monate wartet, ob sich die in die bestimmte Verpaarung zweier Vögel gesteckten Erwartungen endlich bestätigen oder ob sie gar übertroffen werden? Es gibt zwar immer wieder Mißerfolge, aber sie werden durch die guten Ergebnisse mehr als wettgemacht. Ist es der rasche Weg dem Zuchtziel des Idealvogels entgegen, den erfolgreichen Züchter geht? Sind es die alljährlich mit vielen bunten Rosetten geschmückten Käfige der Siegervögel auf den auch bei uns immer zahlreicher werdenden Schauwettbewerben? Ist es der Ehrgeiz, selbst einmal einen wirklich „Besten der Schau“ zu stellen und diesen preisgekrönten Vogel nachher von Freunden in seiner Zuchtanlage bewundern zu lassen? Es kann noch vieles gefragt und gesagt werden. Die Mitgliederzahlen der verschiedenen Vereinigungen in der Welt beweisen es: Wenn so viele Menschen in den verschiedensten Ländern von dieser Liebhaberei derart gepackt werden, daß auf nationalen Ausstellungen wie der alljährlichen deutschen Bundesschau der AZ heute weit über tausend Schauwellensittiche zu sehen sind – und es werden in jedem Jahr mehr – oder daß in Großbritannien auf der Club Show der Budgerigar Society in Leicester mehrere tausend (1971 über 4000) versammelt sind, dann muß schon etwas dran sein an dieser Liebhaberei.

Hamburg-Wedel — Ulrike und E. A. Bielefeldt

Haltung und Pflege

Der Wellensittich in Australien

Auf einer seiner Entdeckungsreisen in das ausgedehnte Innere Australiens stieß John Gould zufällig auf einen der kleinsten Papageien, den *Melopsittacus undulatus*, wie Shaw ihn später benannte.

Die Namenserklärung ist einfach, das griechische Wort *melos* heißt Gesang, *psittakos* Papagei; *undulatus* ist der lateinische Ausdruck für gewellt (mit Wellenzeichnung). Die französische und deutsche Bezeichnung *perruche ondule* und *Wellensittich* gehen auch auf die Wellenzeichnung des Gefieders zurück. Das englische Wort *Budgerigar* ist eine Verfälschung des ursprünglichen australischen Namens *Betcherrygah*, der ungefähr so viel wie „gutes Futter“ bedeutet. Es ist bemerkenswert, daß diese Vögel ein wirkliches Nomadenleben führen. Sie erscheinen plötzlich in Gebieten, wo die Wüste durch starke Regenfälle in eine unermeßlich weite, herrliche Graslandschaft verzaubert wurde. Ebenso wie andere Vögel scheint auch der Wellensittich einen besonderen Instinkt für die Vorahnung solcher Naturereignisse lange genug im voraus zu besitzen, denn er taucht immer im richtigen Augenblick in diesen Futtergründen auf. Früher war der Name „Gewellter Grassittich“ sehr gebräuchlich, und die holländische Bezeichnung *Grasparkiet* ist hiervon sicherlich abgeleitet.

Schon 1831 zeigte das Museum der Londoner Linné-Gesellschaft (Museum of the London Linnean Society) ein einzigartiges Musterexemplar, einen ausgestopften „Grassittich“. Zu dieser Zeit konnte noch niemand ahnen, daß ein Jahrhundert später Millionen dieser Vögel in einer großen Anzahl verschiedener Farbschläge als Heimtiere in Europa und überall in der Welt gehalten werden würden.

Genauso wenig konnte Gould die Möglichkeit solcher Entwicklungen vorhersehen, als er 1840 ein Paar junge Wellensittiche mit nach England brachte.

Wenn Shaw diese Vögel als erster beschrieben hatte, so war es doch Gould, der die genauen Aufzeichnungen über ihre Lebensgewohnheiten in seinem berühmten Werk „The Birds of Australia“ (1840–1848) veröffentlichte.

Gould beobachtete unzählige Vögel in der weit ausgedehnten Steppe Inneraustraliens. Während der heißesten Nachmittagsstunden hielten sie sich still zwischen den Blättern der Gummibäume versteckt. Am Morgen und am Abend jedoch flogen sie vergnügt zwischen den Baumkronen und zogen in Flügen von 20 bis 100 an der Zahl zu ihren Tränken. Morgens flogen sie auch zu ihren Futtergründen. Dies ereignete sich im Monat Dezember. Geschäftig brüteten sie in den Eukalyptusbäumen ihre Eier aus und zogen ganze Scharen Jungvögel auf. Brehm erhielt detailliertere Berichte von Engelhard, von denen der folgende wiedergegeben sei:

„Zu den mehr gelegentlichen Gästen in Südaustralien gehört der beliebte Grassittich. Einer seiner bevorzugten Aufenthaltsplätze war der Eukalyptus-Wald, der Mallee-Busch an den Ufern des Murray zwischen dessen Mündung und dem ersten großen Flußbogen, wo ich zufällig meine ersten Beobachtungen machte. Wenn in dieser unfreundlichen Gegend nach einem feuchten Winter bis in den Frühling hinein viel Regen fällt, das bedeutet etwa bis Ende September oder Anfang Oktober, dann schießt das Gras so dicht und so hoch aus der Erde wie sonst nirgendwo. Unzählige Quadratmeilen dieser gewöhnlich trostlosen Sandwüste sind dann mit vortrefflichem Känguruhgras bedeckt, das durch die warmen Sonnenstrahlen etwa 1 bis 1,5 m hoch wächst. Seine subtropische Blüte entwickelt sich schnell, und nach kaum 5 bis 6 Wochen tragen die Ähren Samen. Lange vor dieser Zeit jedoch sind unzählige Schwärme von Grassittichen erschienen, die sogleich geschäftig mit dem Nestbau beginnen. Das einzigartige Wachstum des Mallee-Busches begünstigt solche Ambitionen ausgesprochen. 8 bis 12 Stämme, jeder ungefähr 5 bis 6 m hoch, treiben aus der Mitte eines einzigen Wurzelstocks. Jeder Stamm ist mit weißer Rinde bedeckt und trägt sehr dürftiges Laub. Zum Ausgleich dafür zeigt er unzählige Astlöcher. Jeder hohle Stamm, jeder Vorsprung, und im Notfalle jede geeignete Höhlung zwischen den Wurzeln werden jetzt für Nistzwecke gebraucht. Innerhalb weniger Wochen wimmelt die Gegend regelrecht von Wellensittichen, und niemand wird in Abrede stellen, daß die reifenden Grassamen hervorragend zur Aufzucht der Jungen geeignet sind. Jeder, der gerade zufällig an solch einem Flecken um diese Zeit vorbeigeht, könnte die Jungen mit seinen bloßen Händen leicht fangen. Sie werden aus dem Gras um seine Füße hochfliegen und sich unter lautem Gezwitscher auf den kahlen Zweigen der Bäume in langen Reihen niederlassen.

Sobald der Futterreichtum nachläßt oder Wassermangel droht, bricht ihr Wandertrieb wieder durch, und sie verschwinden genau so schnell wie sie kamen in Richtung des Alexandra- oder Wellington-Sees, die der Murray

durchfließt, bevor er die offene See erreicht. Hauptsächlich in diesen Gegenden wurden sie zu Tausenden von Vogelfängern mit Netzen gefangen.
Diese Beschreibung bezieht sich jedoch nur auf Jahre, in denen es reichlich regnete. In anderen Jahren, wenn der Regen beträchtlich unter dem Durchschnitt bleibt, scheinen sie allesamt verschwunden zu sein. Es ist ziemlich sicher, daß sie dann weiter nach Norden geflogen sind, wo in der Sommerhitze oft gewaltige Gewitterregen niedergehen, die die Sandwüsten wie durch ein Wunder in grasgrüne Flächen verwandeln. Die umherziehenden Sittiche scheinen dies vorauszuahnen und erscheinen beständig dort, wo der Tisch reichlich gedeckt ist."

Cayley hat dem wenig hinzuzufügen. Er teilt uns mit, daß der Frühling oder Winterausgang die übliche Zeit ist, während der die Wellensittiche in den südlichen Gegenden Australiens ankommen, und daß sie bereits im März oder auch schon im Februar wieder nach Norden fliegen. Weiterhin hebt er ihr bezauberndes, fröhliches Gezwitscher und ihr lebendiges, anmutiges Wesen hervor. Ihr Flug ist gerade und schnell, und sie geben dabei schrille Laute von sich. Er gibt ihre übliche Brutzeit für die Monate Oktober bis Dezember an. Sie legen 4 bis 8 rein weiße Eier.

Andere Naturforscher berichten, daß Wellensittiche nie südlicher als bis Melbourne fliegen und selten an der Küste gesehen werden. Auch in Tasmanien kommen sie nicht vor.

Obwohl die Vögel sich mit hohlen abgestorbenen Bäumen behelfen können, ziehen sie es vor, ihre Nester in lebenden Eukalyptus- oder Gummibäumen zu bauen. Sie benützen sehr unterschiedlich tiefe Höhlen, von etwa 15 bis 40 cm, mit Schlupflöchern von etwa 4 bis 5 cm. Nistmaterial wird überhaupt nicht verwendet.

Wenn die Wellensittiche in andere Gebiete weiterziehen, vereinigen sich oft Flüge zu einem so riesigen Schwarm, daß sie die Sonne verdunkeln. Es scheint festzustehen, daß sie nicht jedes Jahr an dieselben Stellen zurückkehren. Ein Gebiet, in dem sie sich für eine Saison einquartiert haben, sieht in der nächsten vielleicht nur ein paar von ihnen wieder. Wellensittiche scheinen bei ungewöhnlich heißem Wetter sehr zu leiden. Die Hitzewellen Australiens sind für zahlreiche Opfer verantwortlich.

In Anbetracht der vielen Farbvariationen überrascht es nicht, zu erfahren, daß unter den wilden Wellensittichen bereits Mutationen beobachtet wurden. Neben den Hellgrünen kennen wir eine Variation, die Cayley *Melopsittacus undulatus intermedius* nennt und wie folgt beschreibt:

„Unterscheidet sich vom *Melopsittacus undulatus* durch eine blassere Farbe, hauptsächlich im Nacken und auf dem Rücken, wohingegen er auf dem Kopf und der Unterseite dunkler ist als der *Melopsittacus undulatus pallidiceps*, einer weiteren Mutation. Er scheint vorwiegend im Nordterritorium aufzutreten."

Der *Melopsittacus undulatus pallidiceps*, der in Westaustralien vorkommt, unterscheidet sich vom *Melopsittacus undulatus* hauptsächlich durch die hellere Farbe seines Kopfes. Doch es besteht kein Zweifel, daß es wilde Dunkelgrüne und Hellgelbe gibt. Der Ersterwähnte ist im Natural History Museum in Kensington ausgestellt. Letzterer wurde wiederholt von Augenzeugen in Flügen beobachtet, während sie zu den Tränken flogen.

Jedem, dem die nötige Pflege zur Erhaltung einer Mutation bekannt ist, muß es einleuchten, daß Mutationen meist ziemlich schnell wieder verschwinden, wenn sie in der Wildnis vorkommen. Im zweiten Teil dieses Buches werden wir auf diese Frage ausführlich eingehen.

Zur Entwicklungsgeschichte

Den Prozeß der Domestikation des Wellensittichs können wir besser verfolgen als den Verlauf irgendeiner anderen Haustierwerdung. Manche Theorie über den Ursprung von Katzen und Hunden, Pferden, Schafen und Kühen hat man aufzustellen gewagt. Wir besitzen jedoch keine vollständigen genealogischen Tafeln, die über die Abstammung irgendeines dieser Tiere berichten. Daher ist es unmöglich, den Ursprung der Mutationen in Typ und Farbe aufzuspüren. Unser Wissen über die Gesetze, welche die offenbaren Überraschungen der Vererbung beherrschen, ist das Ergebnis unendlicher Mühen von Biologen. Sogar heute ist die Vererbungswissenschaft noch jung, und es gibt viele ungelöste Probleme.

Über den Wellensittich kennen wir praktisch alle wesentlichen Fakten seit dem Tag, als er nach Europa gebracht wurde, einschließlich jener über die ersten Farbmutationen.

John Gould, ein berühmter Ornithologe, brachte 1840 die ersten Wellensittiche mit nach England. Jahrelang durchstreiften er und seine Frau Australien vom Norden zum Süden und von Osten nach Westen, um Material für sein Buch „Die Vögel in Australien" zu sammeln, ein großartiges Werk, wundervoll illustriert mit den von seiner Frau gemalten Bildern. Davor jedoch wurde bereits ein ausgestopftes Exemplar von einer Reise zum fünften Kontinent mit heimgebracht. Seitdem hat es zur Sammlung des Museums der Londoner Linné-Gesellschaft gehört. Doch vor dieser Zeit ist kein

lebender Wellensittich importiert worden. Die Vögel, die Gould mitbrachte, waren von seinem Schwager in einem Käfig gezüchtet. Der Zoohändler Jamrach in London verkaufte das erste Paar für £ 27! Schon aus dem Jahre 1850 ist bekannt, daß Wellensittiche im Antwerpener Zoo ausgestellt worden sind. Zu der Zeit war dieser Zoo Mittelpunkt des europäischen Vogelhandels. Er organisierte jährlich große Vogelauktionen und buchte Aufträge von weither wie Berlin und St. Petersburg. Belgien und Holland, diesem Zentrum so nahegelegen, wurden natürlich die Pionierländer der Wellensittichzucht.
Die verständliche Beliebtheit dieser graziösen, lebendigen und bezaubernden kleinen Sittiche bei allen Vogelliebhabern ließ den Wellensittichhandel bald so schwunghaft in die Höhe gehen, daß es Vogelfängern in Australien schwer fiel, mit der enormen Nachfrage Schritt zu halten. Die Tatsache, daß Frankreich allein 100 000 Paare Wellensittiche im Jahr bestellte, gibt eine Vorstellung über die verschiffte Anzahl von Vögeln. Sobald bekannt war, daß die Vögel nach ihrer Akklimatisierung leicht zu halten waren und auch brüteten, begannen mehrere unternehmungslustige Franzosen mit Massenzuchten. In und um Toulouse, wo das Klima ausgesprochen günstig für diese Zwecke ist, errangen einige Zuchten beträchtliche Bedeutung. Unter diesen mögen die 1880 gegründeten Etablissements Bastide und die Etablissements Ornithologiques Blanchard von 1886 besonders erwähnt werden. Beide hielten 80 000 bis 100 000 Vögel!
Da die Natur ihre Geschöpfe mit der Neigung ausgestattet hat, Variationen hervorzubringen, durfte man natürlich erwarten, daß Mutationen auftreten würden. Man ist nur allzu leicht geneigt, solche Mutationen nicht nur veränderten Lebensbedingungen, sondern auch der Selektion und der Zucht zuzuschreiben. Es soll zwar nicht geleugnet werden, daß wir mit unserem heutigen Wissen in die Entwicklung eingreifen können. Wir sollten dabei aber niemals die Tatsache übersehen, daß die Tendenz für das Hervorbringen von Variationen eine Eigenschaft der Natur selbst ist. Ohne diese mögliche Variabilität hätten die heutigen Resultate niemals erzielt werden können. Wenn wir uns dies vor Augen halten, ist anzunehmen, daß die ersten Mutationen aus Zuchtanlagen schon Vorgänger in der freien Natur hatten. Nachforschungen und Augenzeugenberichte bestätigten, daß in einem Flug wilder hellgrüner Wellensittiche gelegentlich ein einziger gelber beobachtet wurde. Von Natur aus ist eine Mutation kaum in der Lage sich durchzusetzen. Die Gelben werden auf jeden Fall von den Grünen bald wieder „absorbiert". Die Kenntnisse über die Vererbungsgesetze ermöglichten uns jedoch, die Mutation in ihrer domestizierten Art zu erhalten. So wurde das erste Glied

der langen Kette der Farben und Farbvariationen geschmiedet, die für die heutige Wellensittichfamilie charakteristisch sind. Wenn sich ein Gelber und ein Grüner in natürlicher Umgebung verpaarten, schlüpften nur grüne Wellensittiche. Die Menschen verpaarten den Gelben mit seiner Nachzucht und bewahrten so den neuen Farbfaktor.

Mit dem Erscheinen der ersten gelben Mutationen (1872 in Belgien und 1875 in Deutschland) wurde das Interesse der Wissenschaftler geweckt. Zum ersten Mal hatte die Wissenschaft die Möglichkeit, einen Vererbungsprozeß sehr genau verfolgen zu können. Schon 1879 erschienen in Uccle (Belgien) Lutinos. Es waren jedoch ausschließlich Hennen, die auch genau so schnell wieder verschwanden, wie sie gekommen waren. In England trat bis 1884 kein Lutino auf. Dann war Abrahams der glückliche Besitzer, aber damals wurde diese Linie nicht gefestigt.

Wo Seltenheiten gezüchtet wurden, kam es rasch zu einem Aufschwung. Holland kennt seinen Tulpenzwiebel-Boom, und der Wellensittichhandel erwies sich als ein mäßiger Boom für Gelbe. Die Gelben wurden sehr bald zu beträchtlichen Preisen verkauft. Unternehmungslustige Leute spekulierten mit den Gelben und erzielten entsprechende Gewinne.

Schon 1886 berichtete Abrahams darüber, daß seine australischen Vogelfänger einige Gelbe unter den Grünen gesehen hätten. Er erhielt sogar einige von ihnen aus Australien. Die Berichte aus jenen Tagen sprechen hauptsächlich von gelben Hennen. Abrahams erzählte von dem Empfang eines gelben Hahnes. Da es sicher ist, daß es gelbe Hähne gab, sind wir heute geneigt anzunehmen, daß diese Berichte Lutinos betrafen. Vielleicht haben die Zuchtfreunde den Augen nicht die nötige Aufmerksamkeit geschenkt. Es erscheint merkwürdig, daß die ersten Züchter nur gelbe Hennen erhielten! Wenn es sich um Lutinos handelte, würden solche Ergebnisse durchaus richtig sein.

Wiederum in Belgien und wiederum in Uccle trat der erste Blaue auf. Es dauerte jedoch einige Zeit, bis die Blauen sich behaupteten. Erst 1910 konnte das erste Paar auf einer Schau in der Royal Horticultural Hall in Westminster ausgestellt werden. Nach dem ersten Weltkrieg züchteten die Franzosen erneut Blaue und trugen viel zu ihrer Entwicklung bei. 1921 wurde von dem ersten Blauen in Deutschland berichtet.

Wie die Gelben sind die Blauen eine Abart der Grünen und sollten auch unter den Wilden vorkommen. Bis heute wurde jedoch noch niemals über wilde Blaue berichtet. Hingegen kann eine blaue Mutation des Mönchssittichs in mehreren europäischen Zoos besichtigt werden.

In der Zwischenzeit haben Theoretiker, die sich mit der Vererbungswissenschaft und insbesondere der Farbenvererbung beschäftigt haben, behauptet, daß früher oder später eine weiße Varietät zum Vorschein kommen müßte. Tatsächlich häuften sich bald die Berichte über Weiße aus Volieren, in denen Blaue, Gelbe und Grüne zusammen gehalten wurden. Die ersten Weißen erschienen gleichzeitig in England und Frankreich im Jahre 1920 und waren in beiden Fällen von Blauen, die gelbe Vorfahren hatten, gezüchtet worden.
Es ist schon wichtig, darauf hinzuweisen, daß dies die erste Variation war, die in der Wildnis kaum erscheinen kann, wo gelbe und blaue Mutationen seltener sind und sich niemals durchsetzen können. Unter der Führung des Menschen boten die so erhaltenen Farben eine stattliche Reihe faszinierender Möglichkeiten, welche die Züchter zu entdecken begannen.
Eine Gelegenheit, Geld zu verdienen, läßt Menschen manchmal anrüchige Praktiken anwenden. Es überrascht daher kaum zu hören, daß 1917 von der Existenz eines roten Wellensittichs berichtet wurde. Bei genaueren Nachforschungen stellte sich heraus, daß die roten Exemplare gestorben waren. Theoretisch kann es keinen roten Wellensittich geben, wenn der Rotfaktor nicht künstlich in den Wellensittich mit einer ihm nahe verwandten Art eingekreuzt wird.
Man hört auch Gerüchte über Kreuzungen zwischen Wellensittichen und Sperlingspapageien. Aber es ist höchst unwahrscheinlich, daß Eltern mit so wenig Ähnlichkeit fruchtbare Nachkommen hervorbringen können. Soweit ich das beurteilen kann, ist dieser Weg ungangbar. Solange wir keine nahe verwandte Spezies mit Rotfaktor haben, bleiben rote Wellensittiche ein Wunschtraum. Es gab Berichte aus Neuseeland über einen Wellensittich mit rötlich-orangefarbenem Kopf. Jedoch war es mir unmöglich, irgendwelche Tatsachen über dieses Phänomen zu erhalten, und so erwähne ich dies nur unter Vorbehalt.
Sogar bevor die Gelben und Blauen auftraten, stand schon fest, daß die Grünen unter sich bestimmte Unterschiede aufwiesen. Durch das Vorhandensein eines Dunkelfaktors entstanden aus Hellgrünen Dunkelgrüne oder Olivgrüne. Frankreich präsentierte uns die drei verschiedenen Grüntöne. Diese drei Schattierungen, die später als Hell, Mittel und Dunkel bezeichnet wurden, stellen Vögel mit keinem, einem oder zwei Dunkelfaktoren dar, die sich in den anderen Farbvariationen wiederholen. Daher haben wir heute Himmelblaue, Kobalt- und Mauvefarbene. Die gleichen Schattierungen herrschen bei den Gelben und Weißen vor, obgleich sie in diesen Farbvariationen natürlich nicht leicht voneinander zu unterscheiden sind.

Idealer Schauwellensittich (natürliche Größe) entsprechend dem Idealbild der englischen Budgerigar Society (Wellensittich-Vereinigung) von 1968

Die schwunghaften Aufstiegszeiten sind vorbei. Obgleich durch Mode und Geschmack gelegentlich eine neue Farbvariation plötzlich populär wird, so daß die Preise in die Höhe gehen, sind solche übertriebenen Preisanstiege nur von kurzer Dauer. Gewinne und Verluste, die mit derartigen Unternehmungen verbunden sind, betreffen jedoch nur berufsmäßige Züchter. Diejenigen, die nur aus Freude an der Sache züchten, spezialisieren sich meist auf eine bestimmte Farbe und eine bestimmte Farbkombination. Aus verschiedenen Gründen zeigten sie für diese Farbe eine besondere Vorliebe, und ihre ganzen Bemühungen gehen dahin, in Typ und Farbe möglichst perfekte Vögel zu züchten. Natürlich besteht immer die Möglichkeit, daß es einem gelingt, eine neue Farbe zu züchten. Dies wird stets ein besonderer Anreiz sein. Aber nichts sollte dem Zufall überlassen werden. Der Züchter wird sich schon die Mühe machen müssen, die Erbgesetze und die Gefiederstruktur eingehend zu studieren und sich mit den Farbfaktoren vertraut machen.
Heutzutage unterscheiden sich die meisten Wellensittiche sowohl in der Größe als auch durch die Zeichnung wesentlich vom wilden australischen Typ. Einer der vornehmsten englischen Vogelliebhaber, der verstorbene Herzog von Bedford, betonte dies im Zusammenhang mit seinen Experimenten. Diese veranlaßten ihn, seinen Wellensittichen freien Flug in seinem Park zu ermöglichen. Hierbei entdeckte er, daß die Flügellänge frei fliegender und demzufolge frei brütender Vögel kürzer war als die übliche Länge der in Käfigen gezüchteten Wellensittiche. Der Körper des Wildvogels ist ebenfalls kürzer als der des Volierentyps. Aber wir können durch Zufall auch auf Abweichungen in der umgekehrten Richtung treffen, wo die Vögel von jungen Eltern zu klein waren.

Die Standard-Farbschläge der englischen Wellensittich-Vereinigung (Budgerigar Society)

Hellgrün (Abb. 1)

Maske butterblumengelb, von gleichmäßigem Farbton und mit 6 großen, runden, schwarzen Kehltupfen in gleichmäßigem Abstand verziert, von denen die beiden äußeren teilweise durch violette *Wangenflecken* verdeckt werden. *Grundfarbe des Körpers,* Rücken, Bürzel, Brust, Flanken und Unterseite leuchtend grasgrün in kräftiger und gleichmäßiger Tönung. *Zeichnung* auf Wangen, Hinterkopf, Nacken und Flügeln schwarz und deutlich von einem butterblumengelben Grund abgesetzt. *Schwanz:* lange Federn blauschwarz.

Dunkelgrün (Abb. 2)
Wie oben, jedoch von dunkler lorbeergrüner Körperfarbe. *Schwanz:* lange Federn im Verhältnis zum Hellgrünen dunkler.

Olivgrün (Abb. 3)
Wie oben, jedoch von tiefer olivgrüner Körperfarbe. *Schwanz:* lange Federn wiederum dunkler im Verhältnis zum Dunkelgrünen.

Graugrün (Abb. 4)
Diese Varietät entspricht dem Standard der Hellgrünen bis auf folgende Details: *Wangenflecken* grau. *Allgemeine Körperfarbe* dunkelsenfgrün. *Schwanz:* lange Federn schwarz.
Anmerkung: Es gibt auch hier helle, mittlere und dunkle Tönungen des Graugrüns.

Gelb, einschließlich Opalin-Gelber, ausgenommen Lutinos (Abb. 5)
Maske butterblumengelb. *Allgemeine Körperfarbe*, Rücken, Bürzel, Brust, Flanken, Flügel und Unterseite butterblumengelb und möglichst frei von grünem Anflug. Handschwingen heller als der Körper. *Schwanz:* lange Federn heller als Körperfarbe.

Olivgelb, einschließlich Zimt-Olivgelb (Abb. 6)
Wie oben, Körper jedoch senffarben.

Himmelblau (Abb. 7)
Maske rein weiß, verziert mit 6 gleichmäßig verteilten, großen, runden schwarzen Kehltupfen, von denen die beiden äußeren teilweise durch violette *Wangenflecken* verdeckt werden. *Grundfarbe des Körpers*, Rücken, Bürzel, Brust, Flanken und Unterseite rein himmelblau. *Zeichnung* auf Wangen, Rücken, Hinterkopf, Nacken und Flügeln schwarz und deutlich von einem weißen Grund abgesetzt. *Schwanz:* lange Federn blauschwarz.

Kobalt (Abb. 8)
Wie oben, jedoch mit einer reichen, tiefen kobaltblauen Körperfarbe. *Schwanz:* lange Federn im Verhältnis zum Himmelblauen dunkler.

Mauve (Abb. 9)
Wie oben, Körper jedoch purpurfarbig mauve mit leicht rötlichem Überhauch. *Schwanz:* lange Federn wiederum dunkler im Verhältnis zum Kobaltblauen.

Violett (Violett-Kobalt, visuelles Violett) (Abb. 10)
Wie oben, jedoch mit tiefer intensiver violetter Körperfarbe. *Schwanz:* lange Federn dunkler im Verhältnis zum Himmelblauen.

Grau (Abb. 12)
Maske weiß und mit 6 großen, runden schwarzen Kehltupfen in gleichmäßigem Abstand verziert, von denen die beiden äußeren teilweise durch blaugraue oder schieferfarbene *Wangenflecken* verdeckt werden. *Grundfarbe des Körpers,* Rücken, Bürzel, Brust, Flanken und Unterseite rein grau. *Zeichnung* auf Wangen, Hinterkopf, Nacken und Flügeln schwarz und deutlich von einem weißen Untergrund abgesetzt. *Schwanz:* lange Federn schwarz. Anmerkung: Es gibt auch hier helle, mittlere und dunkle Grautönungen.

Weiß (mit hellem Anflug), einschl. Opalin-Weiß, ausgenommen Albinos
Maske weiß. *Allgemeine Körperfarbe,* Rücken, Bürzel, Brust, Flanken und Unterseite weiß; Flügel und Schwanz rein weiß.

Weißflügel-Himmelblau (Abb. 11) und *Weißhimmelblau mit dunklem Anflug*
Maske weiß und mit 6 gleichmäßig verteilten, großen, runden Kehltupfen (je blasser, desto besser) verziert, von denen die beiden äußeren teilweise durch Wangenflecken überdeckt werden. *Grundfarbe des Körpers,* Rücken, Bürzel, Brust, Flanken und Unterseite mit sehr starkem Anflug, dem Farbton der normalen Variation entsprechend. *Flügel und Schwanz:* weiß oder blaßblau.

Gelbflügel-Hellgrün (Abb. 13)
Maske butterblumengelb und mit 6 gleichmäßig verteilten, großen, runden rauchgrauen Kehltupfen (je blasser, desto besser) verziert, von denen die beiden äußeren teilweise durch *Wangenflecken* verdeckt werden. *Grundfarbe des Körpers,* Rücken, Bürzel, Brust, Flanken und Unterseite leuchtend grasgrün, *Flügel* butterblumengelb. *Schwanz:* lange Federn blau.

Gelbflügel-Dunkelgrün
Wie oben, jedoch von lorbeergrüner Körperfarbe. *Schwanz:* lange Federn im Verhältnis zum Gelbflügel-Hellgrünen dunkler.

Gelbflügel-Olivgrün
Wie oben, jedoch von olivgrüner Körperfarbe. *Schwanz:* lange Federn dunkler im Verhältnis zum Gelbflügel-Dunkelgrünen.

Gelbflügel-Graugrün

Diese Varietät entspricht dem Standard der Gelbflügel-Hellgrünen bis auf folgende Details: *Grundfarbe des Körpers* dunkelsenfgrün. *Schwanz:* lange Federn im Verhältnis dunkler.

Grauflügel-Hellgrün (Abb. 17)

Maske gelb und mit 6 gleichmäßig verteilten, großen, runden rauchgrauen Kehltupfen verziert, von denen die beiden äußeren teilweise durch blaßviolette *Wangenflecken* verdeckt werden. *Grundfarbe des Körpers,* Rücken, Bürzel, Flanken und Unterseite matt grasgrün. *Zeichnung* auf Wangen, Hinterkopf, Nacken und Flügeln sollte rauchgrau sein und in der Tönung in der Mitte zwischen schwarz und farblos liegen. *Schwanz:* lange Federn rauchgrau mit blaßbläulichem Überhauch.

Grauflügel-Dunkelgrün

Wie oben, jedoch von hellorbeergrüner Körperfarbe. *Schwanz:* lange Federn dunkler im Verhältnis zum Grauflügel-Hellgrünen.

Grauflügel-Olivgrün

Wie oben, jedoch von hellolivgrüner Körperfarbe. *Schwanz:* lange Federn dunkler im Verhältnis zum Grauflügel-Dunkelgrünen.

Grauflügel-Graugrün

Wie oben, jedoch von hellsenfgrüner Körperfarbe. *Wangenflecken* hellgrau. *Schwanz:* lange Federn dunkelgrau.

Grauflügel-Himmelblau (Abb. 19)

Maske weiß und mit 6 gleichmäßig verteilten, großen, runden grauen Kehltupfen verziert, von denen die beiden äußeren teilweise durch hellviolette *Wangenflecken* verdeckt sind. *Grundfarbe des Körpers,* Rücken, Bürzel. Brust, Flanken und Unterseite durchscheinend blaßhimmelblau. *Zeichnung* auf Wangen, Hinterkopf, Nacken und Flügeln rein grau, in der Tönung in der Mitte zwischen schwarz und farblos liegend. *Schwanz:* lange Federn gräulichblau.

Grauflügel-Kobalt

Wie oben, Körper jedoch blaßkobaltfarben. *Schwanz:* lange Federn dunkler im Verhältnis zum Grauflügel-Himmelblauen.

Graufügel-Violett

Wie oben, jedoch von blaßvioletter Körperfarbe. *Schwanz:* lange Federn im Verhältnis dunkler.

Graufügel-Mauve

Wie oben, Körper jedoch blaßmauvefarben. *Schwanz:* lange Federn im Verhältnis dunkler.

Graufügel-Grau

Wie oben, jedoch von blaßgrauer Körperfarbe. *Wangenflecken* blaßgrau. *Schwanz:* lange Federn dunkelgrau.

Zimt-Hellgrün

Maske gelb und mit 6 gleichmäßig verteilten, großen, runden zimtbraunen Kehltupfen verziert, von denen die beiden äußeren teilweise durch violette *Wangenflecken* verdeckt werden. *Grundfarbe des Körpers,* Rücken, Bürzel, Brust, Flanken und Unterseite matt grasgrün. *Zeichnung* auf Wangen, Hinterkopf, Nacken und Flügeln zimtbraun, deutlich abgesetzt von einem gelben Grund. *Schwanz:* lange Federn dunkelblau mit braunem Schaft.

Zimt-Dunkelgrün

Wie oben, jedoch von hellorbeergrüner Körperfarbe. *Schwanz:* lange Federn dunkler im Verhältnis zum Zimt-Hellgrünen.

Zimt-Olivgrün (Abb. 16)

Wie oben, jedoch von hellolivgrüner Körperfarbe. *Schwanz:* lange Federn dunkler im Verhältnis zum Zimt-Dunkelgrünen.

Zimt-Graugrün (Abb. 15)

Wie oben, jedoch von blaßgraugrüner Körperfarbe. *Schwanz:* lange Federn von tiefer Zimttönung.

Zimt-Himmelblau

Maske weiß und von 6 gleichmäßig verteilten, großen, runden zimtbraunen Kehltupfen verziert, von denen die beiden äußeren teilweise durch violette *Wangenflecken* verdeckt sind. *Grundfarbe des Körpers,* Rücken, Bürzel, Brust, Flanken und Unterseite blaßhimmelblau. *Zeichnung* auf Wangen, Hinterkopf, Nacken und Flügeln zimtbraun auf weißem Grund. *Schwanz:* lange Federn blau mit braunem Schaft.

Zimt-Kobalt

Wie oben, Körper jedoch blaßkobaltfarben. *Schwanz:* lange Federn kobaltblau mit braunem Schaft.

Zimt-Mauve

Wie oben, Grundfarbe des Körpers jedoch blaßmauve. *Schwanz:* lange Federn mauvefarben mit braunem Schaft.

Zimt-Violett

Wie oben, jedoch von blaßvioletter Körperfarbe. *Schwanz:* lange Federn mit leichter Zimttönung.

Zimt-Grau

Wie oben, jedoch mit schiefergrauen Wangenflecken und blaßgrauer Körperfarbe. *Schwanz:* lange Federn in tiefer Zimttönung.

Falb-Hellgrün (Abb. 23)

Maske gelb und mit 6 gleichmäßig verteilten, großen, runden braunen Kehltupfen verziert, von denen die beiden äußeren teilweise durch violette *Wangenflecken* verdeckt sind. *Grundfarbe des Körpers*, Rücken, Bürzel, Brust, Flanken und Unterseite gelblichgrün. *Zeichnung* auf Wangen, Hinterkopf, Nacken und Flügeln dunkelbraun auf gelbem Grund. *Augen* rein rot oder pflaumenfarbig. *Schwanz:* lange Federn bläulichgrau.

Falb-Dunkelgrün

Wie oben, jedoch von dunkler gelblichlorbeergrüner Körperfarbe. *Schwanz:* lange Federn dunkler im Verhältnis zum Falb-Hellgrünen.

Falb-Olivgrün

Wie oben, jedoch mit hellem senfolivfarbenem Körper. *Schwanz:* lange Federn dunkler im Verhältnis zum Falb-Dunkelgrünen.

Falb-Graugrün

Wie oben, Grundfarbe des Körpers jedoch dunkelsenfgrün. *Schwanz:* lange Federn im Verhältnis dunkler.

Falb-Himmelblau

Maske weiß und mit 6 großen, runden braunen Kehltupfen in gleichmäßigem Abstand verziert, von denen die beiden äußeren teilweise durch violette

Wangenflecken verdeckt sind. *Grundfarbe des Körpers,* Rücken, Bürzel, Brust, Flanken und Unterseite blaßhimmelblau. *Zeichnung* an Wangen, Hinterkopf, Nacken und Flügeln dunkelbraun auf weißem Grund. *Augen* rein rot oder pflaumenfarbig. *Schwanz:* lange Federn bläulich-grau.

Falb-Kobalt (Abb. 24)
Wie oben, jedoch mit einer warmen Körperfarbe von blaßkobaltblauem Ton. *Schwanz:* lange Federn dunkler im Verhältnis zum Falb-Himmelblauen.

Falb-Mauve
Wie oben, Körper jedoch blaßmauvefarbig mit rötlichem Überhauch. *Schwanz:* lange Federn dunkler im Verhältnis zum Falb-Kobaltfarbenen.

Falb-Violett
Wie oben, jedoch von blaßvioletter Körperfarbe. *Schwanz:* lange Federn im Verhältnis dunkler.

Falb-Grau
Wie oben, jedoch mit blaßgrauem Körper. *Schwanz:* lange Federn im Verhältnis dunkler.

Lutino (Abb. 25)
Butterblumengelb am ganzen Körper bis auf perlweiße Wangenflecken sowie gräulichweiße Handschwingen und lange *Schwanzfedern* mit gelblichem Überhauch. *Augen* rot.

Albino (Abb. 26)
Rein weiß. *Augen* rot.

Opalin-Hellgrün (Abb. 29)
Maske butterblumengelb und mit 6 gleichmäßig verteilten, großen, runden schwarzen Kehltupfen verziert, von denen die beiden äußeren teilweise durch violette *Wangenflecken* verdeckt sind. Butterblumengelb der Maske über den Hinterkopf fortlaufend und auf Schulterhöhe allmählich in die allgemeine Körperfarbe übergehend. Überall verschwindende Wellenzeichnung sollte den bei dieser Varietät so erwünschten V-Effekt auf dem Rücken zwischen den Flügeln bewirken. *Grundfarbe des Körpers,* Mantel (einschließlich der V-förmigen Fläche oder des Sattels), Rücken, Bürzel, Brust, Flanken und

Unterseite leuchtend grasgrün. *Flügel* in gleicher Grundfarbe wie Körper schillernd. *Zeichnung* sollte normal und symmetrisch sein. *Schwanz:* lange Federn sollten nicht heller sein als der Mantel.

Opalin-Dunkelgrün
Wie oben, jedoch von dunkellorbeergrüner Körperfarbe. *Schwanz:* lange Federn dunkler im Verhältnis zum Opalin-Hellgrünen.

Opalin-Olivgrün
Wie oben, jedoch von olivgrüner Körperfarbe. *Schwanz:* lange Federn dunkler im Verhältnis zum Opalin-Dunkelgrünen.

Opalin-Graugrün (Abb. 28)
Wie oben, jedoch von dunkelsenfgrüner Körperfarbe. *Wangenflecken* grau. *Schwanz:* lange Federn sollten nicht heller als der Mantel sein.

Opalin-Himmelblau (Abb. 27)
Wie oben, jedoch Himmelblau als Körperfarbe und Überhauch sowie weiße anstatt butterblumengelber Maske. *Schwanz:* lange Federn sollten nicht heller als der Mantel sein.

Opalin-Kobalt
Wie oben, jedoch von kobaltblauer Körperfarbe. *Schwanz:* lange Federn dunkler im Verhältnis zum Opalin-Himmelblauen.

Opalin-Mauve
Wie oben, jedoch mit mauvefarbigem Körper. *Schwanz:* lange Federn dunkler im Verhältnis zum Opalin-Kobaltblauen.

Opalin-Violett (Abb. 30)
Wie oben, jedoch von tiefer, intensiver violetter Körperfarbe. *Schwanz:* lange Federn im Verhältnis dunkler.

Opalin-Grau
Wie oben, jedoch mit rein grauer Körperfarbe. *Wangenflecken* grau. *Schwanz:* lange Federn sollten nicht heller als der Mantel sein.

Opalin-Zimt-Hellgrün
Maske butterblumengelb und mit 6 gleichmäßig verteilten, großen, runden zimtbraunen Kehltupfen verziert, von denen die beiden äußeren teilweise

durch violette *Wangenflecken* verdeckt sind. Butterblumengelb der Maske über den Hinterkopf fortlaufend und auf Schulterhöhe allmählich in die allgemeine Körperfarbe übergehend. Überall verschwindende Wellenzeichnung sollte den bei dieser Varietät so erwünschten V-Effekt auf dem Rücken zwischen den Flügeln bewirken. *Grundfarbe des Körpers,* Mantel (einschließlich der V-förmigen Fläche oder des Sattels), Rücken, Bürzel, Brust, Flanken und Unterseite hellgrasgrün. *Flügel* in gleicher Grundfarbe wie Körper schillernd. *Zeichnung* sollte normal und symmetrisch sein und zimtbraun in der Farbe. *Schwanz:* lange Federn sollten nicht heller sein als der Mantel.

Opalin-Zimt-Dunkelgrün (Abb. 31)
Wie oben, jedoch von hellorbeergrüner Körperfarbe. *Schwanz:* lange Federn dunkler im Verhältnis zum Opalin-Zimt-Hellgrünen.

Opalin-Zimt-Olivgrün
Wie oben, jedoch von hellolivgrüner Körperfarbe. *Schwanz:* lange Federn dunkler im Verhältnis zum Opalin-Zimt-Dunkelgrünen.

Opalin-Zimt-Graugrün (Abb. 32)
Wie oben, jedoch von blaßgraugrüner Körperfarbe. *Schwanz:* lange Federn im Verhältnis dunkler.

Opalin-Zimt-Himmelblau
Maske weiß und mit 6 gleichmäßig verteilten, großen, runden zimtbraunen Kehltupfen verziert, von denen die beiden äußeren teilweise durch violette *Wangenflecken* verdeckt sind. Weiß der Maske über den Hinterkopf fortlaufend und auf Schulterhöhe allmählich in die allgemeine Körperfarbe übergehend. Überall verschwindende Wellenzeichnung sollte den bei dieser Varietät so erwünschten V-Effekt auf dem Rücken zwischen den Flügeln bewirken. *Grundfarbe des Körpers,* Mantel (einschließlich der V-förmigen Fläche oder des Sattels), Rücken, Bürzel, Brust, Flanken und Unterseite blaßhimmelblau. *Flügel* in gleicher Grundfarbe wie Körper schillernd. *Zeichnung* sollte normal und symmetrisch sein und zimtbraun in der Farbe. *Schwanz:* lange Federn sollten nicht heller sein als der Mantel.

Opalin-Zimt-Kobalt
Wie oben, jedoch von blaßkobaltblauer Körperfarbe. *Schwanz:* lange Federn dunkler im Verhältnis zum Opalin-Zimt-Himmelblauen.

Opalin-Zimt-Mauve

Wie oben, jedoch mit blaßmauvefarbenem Körper. *Schwanz:* lange Federn dunkler im Verhältnis zum Opalin-Zimt-Kobaltblauen.

Opalin-Zimt-Violett

Wie oben, jedoch von blaßvioletter Körperfarbe. *Schwanz:* lange Federn sollten nicht heller sein als der Mantel.

Opalin-Zimt-Grau

Wie oben, jedoch von blaßgrauer Körperfarbe. *Wangenflecken* grau. *Schwanz:* lange Federn sollten nicht heller sein als der Mantel.

Opalin-Grauflügel-Hellgrün

Maske gelb und mit 6 gleichmäßig verteilten, großen, runden rauchgrauen Kehltupfen verziert, von denen die beiden äußeren teilweise durch violette *Wangenflecken* verdeckt sind. Gelb der Maske über den Hinterkopf fortlaufend und auf Schulterhöhe allmählich in die allgemeine Körperfarbe übergehend. Überall verschwindende Wellenzeichnung sollte den bei dieser Varietät so erwünschten V-Effekt auf dem Rücken zwischen den Flügeln bewirken. *Grundfarbe des Körpers,* Mantel (einschließlich der V-förmigen Fläche oder des Sattels), Rücken, Bürzel, Brust, Flanken und Unterseite hellgrasgrün. *Flügel* in gleicher Grundfarbe wie Körper schillernd. *Zeichnung* sollte normal und symmetrisch sein und rauchgrau in der Farbe. *Schwanz:* lange Federn rauchgrau.

Opalin-Grauflügel-Dunkelgrün

Wie oben, jedoch von hellorbeergrüner Körperfarbe.

Opalin-Grauflügel-Olivgrün

Wie oben, jedoch von hellolivgrüner Körperfarbe.

Opalin-Grauflügel-Graugrün

Wie oben, jedoch von hellsenfgrüner Körperfarbe.

Opalin-Grauflügel-Himmelblau

Maske weiß und mit 6 gleichmäßig verteilten, großen, runden rauchgrauen Kehltupfen verziert, von denen die beiden äußeren teilweise durch violette *Wangenflecken* verdeckt sind. Weiß der Maske über den Hinterkopf fortlaufend und auf Schulterhöhe allmählich in die allgemeine Körperfarbe übergehend. Überall verschwindende Wellenzeichnung sollte den bei dieser Varietät so erwünschten V-Effekt auf dem Rücken zwischen den Flügeln bewirken. *Grundfarbe des Körpers,* Mantel (einschließlich der V-förmigen Fläche oder des Sattels), Rücken, Bürzel, Brust, Flanken und Unterseite blaßhimmelblau. *Flügel* in gleicher Grundfarbe wie Körper schillernd. *Zeichnung* sollte normal und symmetrisch sein und rauchgrau in der Farbe. *Schwanz:* lange Federn rauchgrau.

Opalin-Graufügel-Kobalt

Wie oben, jedoch mit blaßkobaltblauem Körper.

Opalin-Grauflügel-Mauve

Wie oben, jedoch mit blaßmauvefarbenem Körper.

Opalin-Grauflügel-Violett

Wie oben, jedoch von blaßvioletter Körperfarbe.

Opalin-Grauflügel-Grau

Wie oben, jedoch von blaßgrauer Körperfarbe.

Gelbgesicht-Blaue, alle Variationen, ausgenommen Schecken (Abb. 37–42)

Nur *Maske* gelb, sonst der normalen Varietät entsprechend.
Anmerkung: Gelbgezeichnete Federn am Schwanz zulässig.

Zusätzliche visuelle Faktoren. Wenn ein Vogel einen zusätzlichen visuellen Faktor trägt, der von denen im Standard abweicht, so müssen solche Vögel in der Sonderklasse für irgendwelche andere Farben (Any Other Colour Class oder A.O.C. Class) ausgestellt werden, wenn keine andere Klassenaufteilung vorgesehen ist. Zum Beispiel: Wenn es im Programm heißt „Opalin-Zimt“, dann dürfen in dieser Klasse nur die Opalin-Zimt-Farben entsprechend dem Standard angenommen werden. Wenn keine Klasse dafür vorgesehen ist, müssen diese Vögel in der Sonderklasse für irgendwelche andere Farben (A.O.C. Class) gemeldet werden.

Schecken

Rezessive Schecke-Hellgrün (Abb. 43)

Maske gelb. Kehltupfen dürfen von 1 bis zur vollen Anzahl 6 vorhanden sein. *Wangenflecken* violett, silberweiß oder eine Mischung aus beiden Farben. *Grundfarbe des Körpers:* Unregelmäßig verteilte Flecken von Gelb und leuchtendem Grasgrün, letzteres hauptsächlich auf unterer Brust, Bürzel und Unterseite. Zebrazeichnung auf dem Scheitel und um die Augen herum ist kein Fehler. *Flügel:* schwarze Flecken normaler Zeichnung oder kleine Tupfen sollten nicht mehr als 15 bis 20 % der Gesamtfläche bedecken. Dunkle Federn sind keine Fehler. *Schwanz:* dunkle Federn sind keine Fehler. *Augen:* dunkel oder tief pflaumenrot ohne weißen Irisring. *Schnabel* orangefarben. *Füße und Beine* fleischfarben. *Nasenhaut* fleischigrosa wie bei Lutinos.

Rezessive Schecke-Dunkelgrün

Wie oben, jedoch von gelber und dunkelgrüner Körperfarbe.

Rezessive Schecke-Olivgrün

Wie oben, jedoch von gelber und olivgrüner Körperfarbe.

Rezessive Schecke-Graugrün

Wie oben, jedoch von gelber und graugrüner Körperfarbe. *Wangenflecken* blaugrau, schiefergrau oder eine Mischung aus beiden Farben.

Rezessive Schecke-Himmelblau

Maske weiß. Kehltupfen dürfen von 1 bis zur vollen Anzahl 6 vorhanden sein. *Wangenflecken* violett, silberweiß oder eine Mischung aus beiden Farben. *Grundfarbe des Körpers:* Unregelmäßig verteilte Flecken von Weiß und leuchtendem Himmelblau, letzteres hauptsächlich auf unterer Brust, Bürzel und Unterseite. Zebrazeichnung auf dem Scheitel und um die Augen ist kein Fehler. *Flügel:* schwarze Flecken normaler Zeichnung oder kleine Tupfen sollten nicht mehr als 15 bis 20 % der Gesamtfläche bedecken. Dunkle Federn sind keine Fehler. *Schwanz:* dunkle Federn sind keine Fehler. *Augen:* dunkel oder tief pflaumenrot ohne weißen Irisring. *Schnabel:* orangefarben. *Füße und Beine:* fleischfarben. *Nasenhaut* fleischig rosa wie bei Albinos.

Rezessive Schecke-Kobalt (Abb. 44)

Wie oben, jedoch von weißer und kobaltblauer Körperfarbe.

Rezessive Schecke-Mauve

Wie oben, Körperfarbe jedoch weiß und mauve.

Rezessive Schecke-Violett

Wie oben, jedoch von weißer und violetter Körperfarbe.

Rezessive Schecke-Grau
Wie oben, jedoch von weißer und grauer Körperfarbe. *Wangenflecken* blaugrau, schiefergrau oder eine Mischung aus beiden Farben.
Anmerkung: Rezessive Schecken sind auch als Dänische Rezessive Schecken bekannt.

Dominante Schecke-Hellgrün (Abb. 47)
Maske gelb und mit 6 gleichmäßig verteilten, deutlich abgesetzten, großen, runden schwarzen Kehltupfen verziert, von denen die beiden äußeren teilweise durch violette *Wangenflecken* verdeckt sind. *Grundfarbe des Körpers,* Rücken, Bürzel, Flanken, Brust und Unterseite leuchtend grasgrün, wie beim Normal-Hellgrünen, durch unregelmäßig verteilte tiefgelbe Flecken unterbrochen. Nackenfleck zulässig. *Flügelscheckung* mit abwechselnden Anteilen schwarzer Flecken in normaler Zeichnung oder kleiner Tupfen. Auf Teilen des Flügels darf gräuliche Zeichnung durchscheinen. Dunkle Schwungfedern sind keine Fehler. *Schwanz:* dunkle Federn sind keine Fehler. *Augen* dunkel mit weißem Irisring. *Füße und Beine* bläulich meliert, fleischfarben oder eine Mischung aus beiden Farben. *Nasenhaut* ähnlich der beim Normalhellgrünen oder eine Mischung aus Normalfarbe und Fleischrosa.

Dominante Schecke-Dunkelgrün
Wie oben, Grundfarbe des Körpers jedoch wie beim Normal-Dunkelgrünen.

Dominante Schecke-Olivgrün
Wie oben, Grundfarbe des Körpers jedoch wie beim Normal-Olivgrünen.

Dominante Schecke-Graugrün
Wie oben, Grundfarbe des Körpers jedoch wie beim Normal-Graugrünen. *Wangenflecken* blaugrün oder schiefergrau.

Dominante Schecke-Himmelblau (Abb. 49)
Maske weiß und mit 6 gleichmäßig verteilten, deutlich abgesetzten, großen, runden schwarzen Kehltupfen verziert, von denen die beiden äußeren teilweise durch violette *Wangenflecken* verdeckt sind. *Grundfarbe des Körpers,* Rücken, Bürzel, Flanken, Brust und Unterseite rein himmelblau wie beim Normal-Himmelblauen, durch unregelmäßig verteilte leuchtend weiße Flekken unterbrochen. Nackenfleck zulässig. *Flügelscheckung* mit abwechselnden Anteilen schwarzer Flecken in normaler Zeichnung oder kleiner Tupfen. Auf Teilen des Flügels darf gräuliche Zeichnung durchscheinen. Dunkle

Schwungfedern sind keine Fehler. *Schwanz:* dunkle Federn sind keine Fehler. *Augen* dunkel mit weißem Irisring. *Füße und Beine* bläulich meliert, fleischfarben oder eine Mischung aus beiden Farben. *Nasenhaut* ähnlich der beim Normal-Himmelblauen oder eine Mischung aus Normalfarbe und Fleischrosa.

Dominante Schecke-Kobalt

Wie oben, Grundfarbe des Körpers jedoch wie beim Normal-Kobaltblauen.

Dominante Schecke-Mauve

Wie oben, Grundfarbe des Körpers jedoch wie beim Normal-Mauvefarbenen.

Dominante Schecke-Violett

Wie oben, Grundfarbe des Körpers jedoch wie beim Normal-Violetten.

Dominante Schecke-Kobalt

Wie oben, Grundfarbe des Körpers jedoch wie beim Normal-Grauen. *Wangenflecken,* blaugrau oder schiefergrau.

Gelbschwinge-Hellgrün (Abb. 54)

Maske gelb und mit 6 gleichmäßig verteilten, deutlich abgesetzten, großen, runden schwarzen Kehltupfen verziert, von denen die beiden äußeren teilweise durch violette *Wangenflecken* verdeckt sind. *Grundfarbe des Körpers,* Rücken, Bürzel, Flanken und Unterseite leuchtend grasgrün wie beim Normal-Hellgrünen. Schwarze Wellenzeichnung auf gelbem Grund wie bei den Normalen an Wangen und Hinterkopf, mit Ausnahme eines kleinen, rein gelben Nackenflecks. Ein schmales gelbes Halsband oder eine Ausweitung der Maske nach unten ist zwar unerwünscht, wird aber nicht bestraft. *Flügel* wie beim Normal-Hellgrünen, jedoch mit 7 leuchtend gelben Schwungfedern. Dunkle Handschwingen sind Fehler. *Schwanz:* leuchtend gelb. Gezeichnete oder dunkle Schwanzfedern sind Fehler. *Augen* dunkel mit weißem Irisring. *Schnabel* normal hornfarben. *Füße und Beine* bläulich meliert oder fleischfarben. *Nasenhaut* ähnlich der beim Normal-Hellgrünen.

Gelbschwinge-Dunkelgrün

Wie oben, Grundfarbe des Körpers jedoch wie beim Normal-Dunkelgrünen.

Gelbschwinge-Olivgrün

Wie oben, Grundfarbe des Körpers jedoch wie beim Normal-Olivgrünen.

Gelbschwinge-Graugrün

Wie oben, Grundfarbe des Körpers jedoch wie beim Normal-Graugrünen. *Wangenflecken* blaugrau oder schiefergrau.

Weißschwinge-Himmelblau (Abb. 36)

Maske weiß und mit 6 gleichmäßig verteilten, deutlich abgezeichneten, großen, runden schwarzen Kehltupfen verziert, von denen die beiden äußeren teilweise durch violette *Wangenflecken* verdeckt sind. *Grundfarbe des Körpers,* Rücken, Bürzel, Flanken und Unterseite rein himmelblau wie beim Normal-Himmelblauen. Schwarze Wellenzeichnung auf weißem Grund wie bei den Normalen an Wangen und Hinterkopf, mit Ausnahme eines kleinen, rein weißen Nackenflecks. Ein schmales weißes Halsband oder eine Ausweitung der Maske nach unten ist zwar unerwünscht, wird aber nicht bestraft. *Flügel* wie beim Normal-Himmelblauen, jedoch mit 7 leuchtend weißen Schwungfedern. Dunkle Handschwingen sind Fehler. *Schwanz:* rein weiß. Gezeichnete oder dunkle Schwanzfedern sind Fehler. *Augen* dunkel mit weißem Irisring. *Schnabel* normal hornfarben. *Füße und Beine* bläulich meliert oder fleischfarben. *Nasenhaut* ähnlich der beim Normal-Himmelblauen.

Weißschwinge-Kobalt

Wie oben, Grundfarbe des Körpers jedoch wie beim Normal-Kobaltblauen.

Weißschwinge-Mauve

Wie oben, Grundfarbe des Körpers jedoch wie beim Normal-Mauvefarbenen.

Weißschwinge-Violett

Wie oben, Grundfarbe des Körpers jedoch wie beim Normal-Violetten.

Weißschwinge-Grau

Wie oben, Grundfarbe des Körpers jedoch wie beim Normal-Grauen. *Wangenflecken* blaugrau oder schiefergrau.

Gelber mit dunklen Augen (Abb. 57)

Wangenflecken silberweiß. *Grundfarbe des Körpers* rein gelb, ohne irgendwelchen grünen Anflug oder einzelne grüne Federn. *Flügel* rein gelb, ohne grünen Anflug und schwarze oder gräuliche Zeichnung. Handschwingen von blasserem Gelb als das des Bürzels. *Schwanz:* wie Schwungfedern. *Augen* schwärzlich oder tief pflaumenrot ohne weißen Irisring. *Schnabel* orangefarben. *Füße und Beine* fleischfarben. *Nasenhaut* fleischrosa wie bei Lutinos.

Anmerkung: Die jeweilige Tiefe der Körperfarbe hängt mit dem Erbbild zusammen. Entsprechend den Hellgrünen, Dunkel- oder Olivgrünen gibt es auch hier helle, mittlere und dunkle Gelbtöne.

Weiße mit schwarzen Augen

Wie oben, jedoch mit weißer Körperfarbe ohne irgendwelchen blauen Anflug oder einzelne blaue Federn. *Flügel und Schwanz* rein weiß. *Nasenhaut* fleischrosa wie bei Albinos.

Anmerkung: Eine dominante Art ist an den normalen Augen, Schnabel, Füßen, Beinen und Nasenhaut zu erkennen. Diese darf mit den obenerwähnten Gelben und/oder Weißen zusammen ausgestellt werden, wenn besondere Klassen ausgeschrieben sind. Eine gelbgesichtige Art der schwarzäugigen Weißen ist ebenfalls bekannt.

1 *Hellgrün*

2 *Dunkelgrün*

3 *Olivgrün*

4 *Hellgraugrün*

5 *Hellgelb*

6 *Olivgelb*

7 *Himmelblau*

8 *Kobalt*

9 *Mauve*

10 *Violett*

11 *Weiß-Himmelblau (dunkler Anflug)*

12 *Grau*

13 *Gelbflügel-Hellgrün*

14 *Hellgelb (dunkler Anflug)*

15 *Zimt-Hellgraugrün*

16 *Zimt-Olivgrün*

17 *Grauflügel-Hellgrün*

18 *Zimt-Grauflügel-Dunkelgrün*

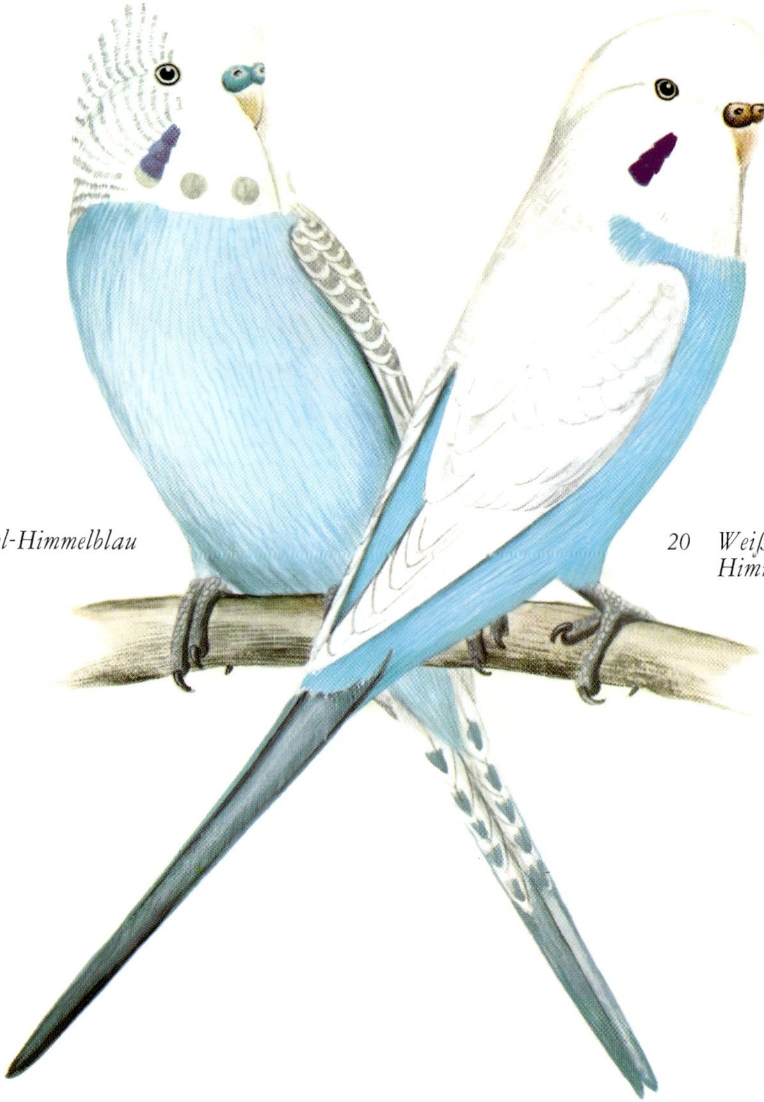

19 *Grauflügel-Himmelblau*

20 *Weißflügel-Himmelblau*

21 *Zimt-Gelbflügel-Dunkelgrün*

22 *Zimt-Grauflügel-Violett*

23 *Falb-Hellgrün*

24 *Falb-Kobalt*

25 Lutino (rein Gelber mit roten Augen)

26 Albino (rein Weißer mit roten Augen)

27 *Opalin-Himmelblau*

28 *Opalin-Hellgraugrün*

29 *Opalin-Hellgrün*

30 *Opalin-Violett*

31 *Opalin-Zimt-Dunkelgrün*

32 *Opalin-Zimt-Hellgraugrün*

33 *Opalin-Gelbflügel-Dunkelgrün*

34 *Opalin-Zimt-Grau*

35 *Opalin-Weißschwinge-Kobalt*

36 *Weißschwinge-Himmelblau*

37 *Gelbgesicht-Himmelblau*

38 *Gelbgesicht-Falb-Himmelblau*

39 *Gelbgesicht-Grauflügel-Kobalt*

40 *Gelbgesicht-Zimt-Grau*

41 *Gelbgesicht-Zimt-Grauflügel-Kobalt*

42 *Gelbgesicht-Opalin-Mauve*

43 *Rezessive Schecke-Hellgrün*

44 *Rezessive Schecke-Kobalt*

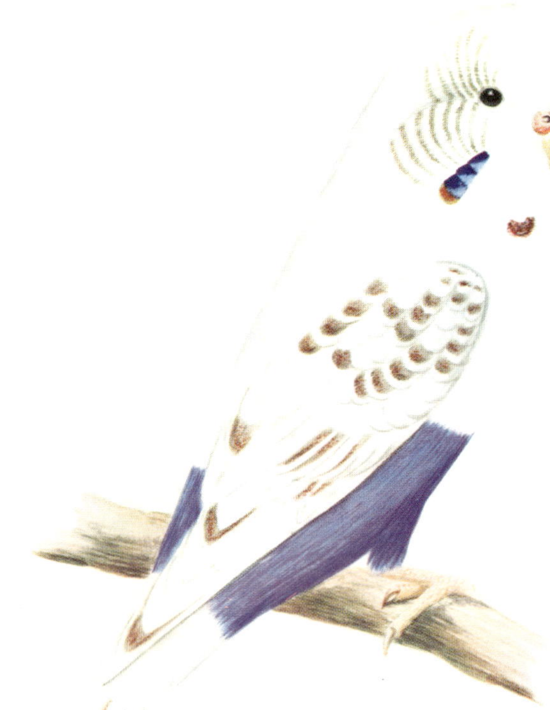

45 *Rezessive Schecke-Zimt-Violett*

46 *Rezessive Schecke-Opalin-Olivgrün*

47 *Dominante Schecke-Hellgrün*

48 *Rezessive Schecke-Gelbgesicht-Himmelblau*

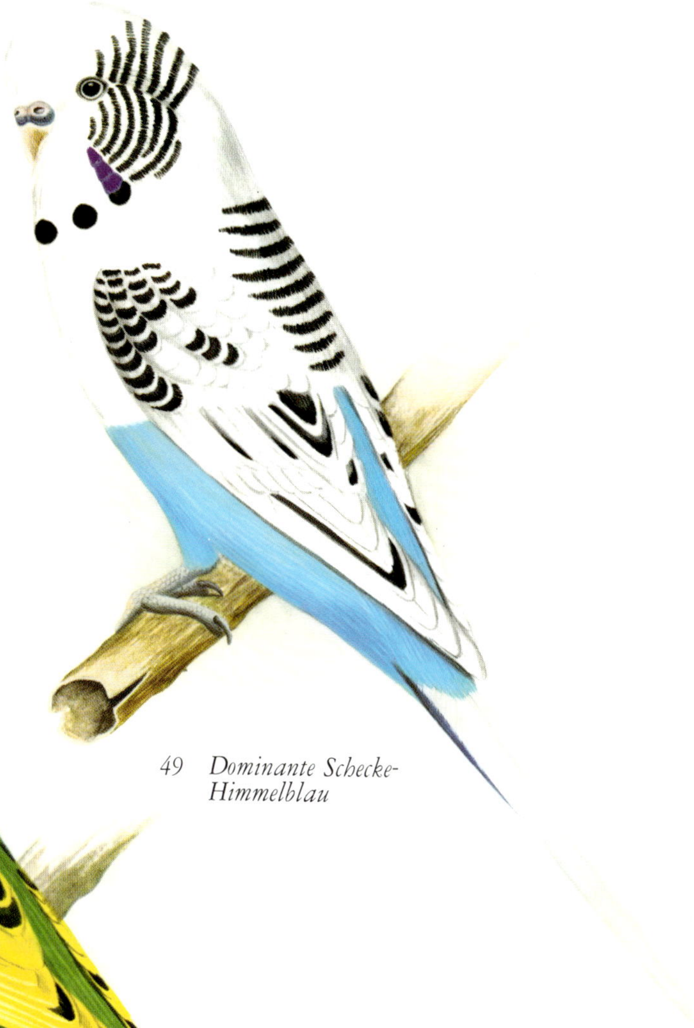

49 *Dominante Schecke-Himmelblau*

50 *Dominante Schecke-Opalin-Dunkelgrün*

51 *Bandschecke-Hellgrün (dominante australische Mutation)*

52 *Bandschecke-Kobalt (dominante australische Mutation)*

53 *Bandschecke-Grau (dominante australische Mutation)*

54 *Gelbschwinge-Hellgrün (dominante holländische Mutation)*

55 *Australische Gelbschwinge-Hellgrün*

56 *Schiefer-Himmelblau*

57 *Rein Gelber mit schwarzen Augen*

58 *Dunkelgrün/Violett*

59 *Opalin-Lacewing-Weiß*

60 *Lacewing-Gelb*

61 *Gelbgesicht-Opalin-
Weißflügel-Kobalt
(= Rainbow = Regenbogenfarbener)*

62 *Rundhaube-Hellgrün*

63 *Halbrundhaube-Himmelblau*

64 *Spitzhaube-Zimt-Grau*

Unterbringung in Käfigen und Volieren

Wenn wir Vögel halten möchten, sollten wir sie auch lieben und so ihr Vertrauen gewinnen. Die richtige Haltung von domestizierten Vögeln verlangt von ihrem Besitzer gewisse Opfer an Zeit und Geld. So gehaltene Vögel werden jegliche Mühe für ihre Pflege und Annehmlichkeiten immer dankbar begrüßen. Sie werden uns nicht nur Gelegenheit geben, ihre Gewohnheiten bei uns zu Hause zu studieren, sondern ihre Possierlichkeit wird auch eine ständige Quelle der Freude und Unterhaltung für uns und unsere Kinder sein.

Wenn ein Wellensittich an menschliche Gesellschaft gewöhnt ist, läßt er sich leicht zähmen. Ein Paar dieser Vögel kann bei geeigneter Unterbringung zur Brut schreiten. Nichtsdestoweniger zeigt der Vogel einige Eigenarten, die seiner Erwünschtheit als Gast in unserem Wohnzimmer manchmal Abbruch tun. Es gibt bestimmt eine große Anzahl von Vögeln, die aufgrund ihrer wunderschönen Farben, ihrer bezaubernden Gemütsart und ihres zarten, melodischen Gesangs ein Schmuck für jeden Käfig oder Wohnraum sind. Wellensittiche können jedoch ihre Papageienabstammung niemals verleugnen. Wenn mehrere von ihnen zusammen kommen, machen sie leicht solchen Lärm, daß Unterhaltung oder Rundfunkhören unmöglich werden. In der Regel reagieren sie sofort auf jedes Geräusch. Sobald sie menschliche Stimmen hören, beginnen sie mit einer lebhaften und wenig diskreten eigenen Unterhaltung, während Musik nur ihre Aktivität anregen hilft.

Ich persönlich ziehe es vor, nicht mehr als zwei Paare in meinem Wohnzimmer zu halten. Wenn ein Vogel sprechen lernen soll, sollte er natürlich im Wohnraum gehalten werden. Ein einsamer Wellensittich wird gewöhnlich eine tiefe und anhaltende Zuneigung seinem Besitzer und dessen Familie gegenüber hegen und erwartet von ihnen wiederum Aufmerksamkeit und Liebkosungen. In der Regel sind zwei Wellensittiche das Vorbild von gegenseitiger Liebe und Zuneigung. In vielen Ländern hat die allgemeine Wertschätzung ihres Verhaltens zu dem Gebrauch des Ausdrucks „Sie sind wie zwei Wellensittiche“ geführt, mit dem junge Leute beschrieben werden, die zu verliebt sind, um ihre Gefühle zu verbergen.

Wenn jedoch kleine Kinder oder Babys in einer Familie sind, möchte ich von der Haltung eines Wellensittichs oder überhaupt von Vögeln in dem Raum abraten, in dem sie den ganzen Tag wohnen und spielen. Die Vögel verlieren gewöhnlich winzige Federn, die in jeden Winkel und jede Ritze eines Raumes fliegen, in dem sie sich befinden. Das ist insbesondere für kleine

Kinder gesundheitsschädlich. Das Schlafzimmer sollte auch nicht der Unterbringung von Käfigvögeln dienen.
Jedoch fliegen keine Federn durch die Glaswände eines Käfigs, ausgenommen bei der wöchentlichen Reinigung. Wenn ich bis jetzt die Nachteile unterstrichen und auf die Gefahren der Haltung von Wellensittichen hingewiesen habe, bleibt mir nunmehr die Aufgabe, ihre vielen Vorteile zu beschreiben, die unverkennbar ihre große Beliebtheit erklären. Die Anziehungskraft der Wellensittiche liegt nicht nur in ihrer Lebhaftigkeit, Gelehrigkeit, Scherzhaftigkeit und Akrobatik, sondern auch in ihrer Zuneigung, ihrer wunderschön gewellten Zeichnung und der stattlichen Reihe von Farben. Diese Eigenschaften, kombiniert mit ihrer eleganten und schlanken Erscheinung, machen sie unwiderstehlich.
Obwohl sich dieses Buch größtenteils mit der Farbvariabilität beschäftigt und schildert, wie Farbvariationen zu erreichen sind, würde es seine Aufgabe verfehlen, wenn es keine Hinweise für die Liebhaberei im allgemeinen und über Behausungsprobleme geben würde.
Wir hörten schon einiges über das Leben des Wellensittichs in seiner natürlichen Umgebung in Australien. Diese Kenntnis mag dem Leser bei der Lösung einiger schwieriger Unterbringungsprobleme helfen. Wir sollten uns daran erinnern, daß Wellensittiche in der Wildnis in Kolonien leben. Sie wechseln ihre Aufenthaltsorte in Flügen, brüten in enger Gesellschaft, und ganz allgemein wird ihr Leben von einem außergewöhnlichen Gesellschaftstrieb regiert.
Sie haben sicherlich gelernt, sich den Veränderungen anzupassen, die ihr Leben unter zivilisierten Menschen mit sich bringt. Dennoch haben sie bestimmte Charakteristiken ihrer Lebensart in der Wildnis nicht verloren. Es ist für ein Wellensittichpaar, welches in einem geräumigen Käfig sich selbst überlassen ist, überhaupt nicht ungewöhnlich, das Brüten zu verweigern, obgleich der Käfig gut ausgerüstet ist und ausgezeichnete Nistkästen vorgesehen sind, ungeachtet der Mühe, die ihrem Wohlergehen geschenkt wird. Solche Vögel können sich immer noch einsam fühlen. Wenn ihnen unter diesen Umständen aber ein paar Vögel zur Gesellschaft gegeben und ein oder zwei weitere Nistkästen hineingehängt werden, um Grundlagen für ihr angeborenes geselliges Leben zu schaffen, beginnen die Vögel mit ziemlicher Sicherheit sofort zu brüten, falls sie nicht zu alt sind oder ein schlechter Gesundheitszustand sie davon abhält.
Die Gewohnheit in Höhlen zu brüten, scheint unausrottbar zu sein. Soweit mir bekannt ist, hat noch nie ein Wellensittich in einem offenen Nest gebrü-

tet. Der Schutz des Nistkastens ist immer noch unerläßlich für den Erfolg einer Brut. Auf der anderen Seite ist Nistmaterial noch genauso überflüssig wie in Australien. Selbst wenn wir es reichlich zur Verfügung stellen, machen die Wellensittiche keinen Gebrauch davon. Gelegentlich belassen sie gebrauchsfertiges Material im Nistkasten und scharren sich eine kleine Vertiefung, in die sie die Eier legen. In der Regel wird die Henne jedoch den Nistkasten gründlich säubern und alle Schnitzel, Zweige oder andere Materialstückchen hinauswerfen, ehe sie sich zum Eierlegen niedersetzt.

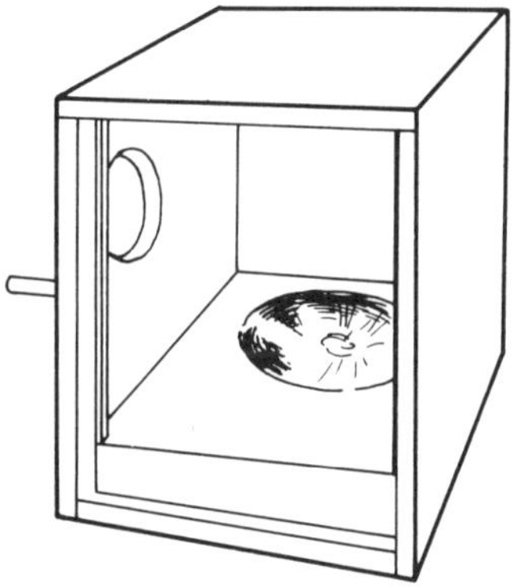

Holznistkasten. Dieser hat entweder eine Schiebetür oder eine Tür mit Scharnieren zur leichten Nestkontrolle

Der natürliche Boden einer Baumhöhle ist konkav gewölbt. Obgleich der Wellensittich sich auf einen ebenen, flachen Boden einstellt, ist es immer besser, den Boden genügend auszuhöhlen, damit die Eier dicht beieinander bleiben, denn ein so lebhafter Vogel wie der Wellensittich könnte die Eier leicht umherstreuen. Wenn die Henne sie nicht wieder zusammenholt, haben wir später nur angebrütete Eier.

Ich empfehle immer die Verwendung von Pappel- oder Birkenholznistkästen, wenn jemand seine Wellensittiche in einem Metall- oder Glaskäfig im Wohnzimmer brüten lassen möchte. Sie erfreuen das Auge und sind natürlicher als jeder andere Nistkasten. Eine gelegentliche Kontrolle des Nestes bereitet keine Schwierigkeiten, wenn die Kästen günstig aufgehängt sind. Hiervon abgesehen sind sie nicht sehr teuer und halten in der Regel einige Jahre. Weiterhin sind sie ausgesprochen leicht zu reinigen. Wellensittiche nagen gern und zerstören mit Sicherheit alle Pflanzen, die man in den Käfig hineinsetzt. Stattdessen ist es üblich, die Rückwand des Käfigs anzustreichen. Vor solch einem Hintergrund sehen Birkennistkästen auch schöner aus als irgendwelche anderen, so praktisch diese auch sein mögen. Die Wellensittiche werden sich beständig auf der Rinde dieser Nistkästen niedersetzen, daran picken und in jeder Lage an ihnen hängen, sogar mit dem Kopf nach unten. So führen sie ein bezauberndes Schauspiel vor.

Wenn in einer Vogelstube oder Voliere anstatt des Wohnzimmers gezüchtet wird, dann sind natürlich praktische, leicht zu reinigende Nistkästen zweckmäßiger. Sie können entweder an der Innen- oder Außenseite des Käfigs befestigt werden. Die letztere Methode ermöglicht eine schnelle und einfache Nestkontrolle. Selbstgebaute Nistkästen sind natürlich etwas billiger.

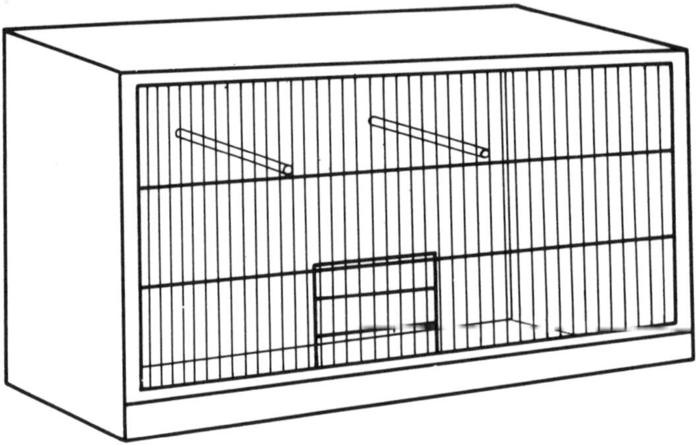

Zuchtkäfig für ein Wellensittichpaar

Wellensittiche stellen keine hohen Anforderungen an ihre Behausungen. Jeder geräumige Metall- oder Glaskäfig kann ihnen zusagen. Ein Kanarienvogelkäfig reicht jedoch nicht aus, da er gewöhnlich für ihre Zwecke zu klein ist. Der Kanarienvogel ist zufrieden, da er die meiste Zeit singt, ein Wellensittich braucht aber Platz zum Klettern und Fliegen. Wenn ein alter Käfig benutzt wird, muß er gründlich gereinigt werden. Kann der Vogel mit seinem Schnabel an irgendwelche Kupferteile herankommen, so sind diese mit der größtmöglichen Sorgfalt von Grünspan zu befreien. Wellensittiche neigen dazu, an allem zu picken oder zu nagen, und Grünspan ist lebensgefährlich für sie. Glücklicherweise werden keine Kupferkäfige mehr hergestellt. Ein verchromter Käfig bedeutet keine Gefahr.

Ein Holzkäfig mit Gitter kann genauso gut verwendet werden. Durch die Pick- und Nageeigenschaft der Wellensittiche, die für Hennen noch charakteristischer ist als für Hähne, wird jedoch das Holz beträchtlich zerstört und der Käfig bald einen häßlichen Anblick bieten.

Ein Glaskäfig mit Glasfront, Glasseiten und Hartfaserrückwand, die letztgenannte schlicht angestrichen oder nicht, hat immer beträchtliche Vorteile gegenüber Holz- oder Metallarten. Wenn die Vögel in einem Glaskäfig fliegen, können sie keine Federn, Sand oder leere Samenhülsen in den Raum werfen. Darum werden andere Käfigarten mit einem etwa 10 cm hohen Glasstreifen rund um den Boden versehen, der zumindest etwas Schutz bietet.

Die Vorliebe des Wellensittichs zu picken und zu nagen wird uns ständig auf der Suche nach einer Gegenmaßnahme halten. Wenn wir einige frische Zweige in den Käfig hängen, können wir sie gewöhnlich davon abhalten, zuviel Schaden anzurichten. Nebenbei ist das Nagen an frischen Zweigen, insbesondere Weiden- und Obstbaumzweigen mit jungen Knospen, gut für die Gesundheit des Vogels. Wenn der Käfig innen gestrichen wird, muß man darauf achten, daß auf keinen Fall Mennige oder andere bleihaltige Farben verwendet werden, da ein Vogel beim Verschlucken auch nur einer Spur dieses Giftes bereits sterben kann.

Wenn wir die Behausung mit dem üblichen Zubehör ausstatten, sollten wir genügend freien Raum lassen, so daß die Vögel gut umherfliegen können. Sitzstangen sollten so hoch und so nah wie möglich an den Seiten angebracht werden. Nebenbei gesagt sollten diese Stangen möglichst aus frischem Holz und von verschiedener Stärke sein. Trinkwasser- und Futternäpfe sowie weitere Sitzstangen sollten nie unterhalb von oberen Sitzstangen stehen. Hoch sitzende Vögel beschmutzen unweigerlich die darunter sitzenden oder die Näpfe. Ein Wellensittich wird sich nie ein Nest bauen, um darin zu schlafen. Er wird immer die höchste Sitzstange aufsuchen. Desgleichen wird er auch immer versuchen, den am höchsten hängenden Nistkasten zu beziehen. Diese sind oft ein Objekt für hitzige Streitigkeiten unter den Hennen. Daher sollte man die Nistkästen möglichst alle in einer Höhe anbringen.

Futter- und Trinkwasserautomaten für Wellensittiche sollten außerhalb des Käfigs befestigt sein. Solche Automaten sind leicht aufzufüllen und zu säubern, und man läuft keine Gefahr, daß sie verschmutzt werden.

Obgleich ein Badehaus überflüssig ist, da Wellensittiche es kaum benutzen, kann es zum Trinken verwendet werden. Mancher befestigt ein Badehaus außerhalb des Käfigs.

Futter und Wasser sollten immer leicht erreichbar sein. Vor den Futter- und Wassergefäßen sollte in passendem Abstand eine Sitzstange angebracht werden. Die Tatsache, daß die Vögel selten ein Bad nehmen, besagt nicht, daß sie wasserscheu sind. Im Gegenteil, Wellensittiche genießen richtige Schauer und haben großen Spaß daran, durch regennasses Gebüsch zu toben. Um diesem Bedürfnis im Wohnzimmer nachzukommen, können wir sie hin und wieder vorsichtig mit einem Wasserzerstäuber besprühen. Das Wasser sollte normale Raumtemperatur haben. Wenn die Vögel in einem Glaskäfig oder einer Voliere gehalten werden, wird dann und wann ein durchnäßtes Grasbüschel sehr geschätzt.

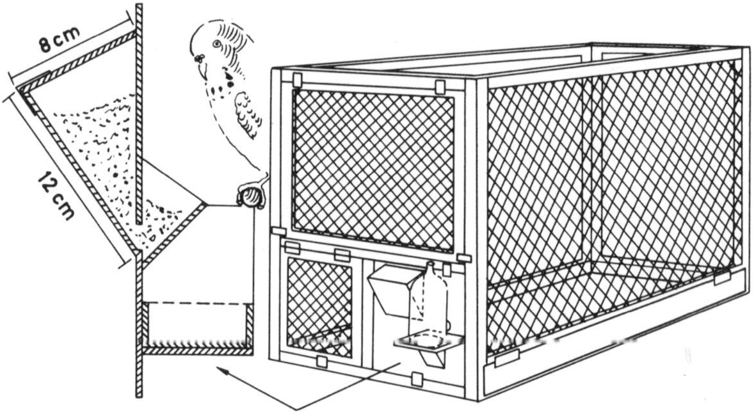

Futter- und Trinkvorrichtung außerhalb des Käfigs

Der Standort des Metall- oder Glaskäfigs ist natürlich für das Wohlergehen der Vögel sehr wichtig. Es sollte ein Platz mit vollem Tageslicht, d. h. so nah wie möglich am Fenster gewählt werden. Wenn der Käfig weiter im Zimmerinnern, dem Tageslicht abgewandt, steht, werden die Vögel leicht nervös und ängstlich. Wenn wir neben einem Käfig stehen, kann unser Körper Schatten darauf werfen und dadurch die Vögel erschrecken. Steht der Käfig jedoch nahe am Fenster, so nehmen die Vögel unser Herantreten an den Käfig viel weniger wahr.

Obgleich wir den Käfig nie vor ein Fenster nach Süden stellen sollen, wo der Vogel den ganzen Tag der prallen Sonne ohne ein Fleckchen Schatten ausgesetzt ist, müssen wir daran denken, daß die Vögel wenigstens einige Zeit am Tag Sonnenschein genießen möchten. Wenn jedoch keine andere Wahl gegeben ist, als den Käfig direkt vor ein Südfenster zu stellen, sollte ein Teil des

Käfigs abgedeckt werden, so daß die Vögel sich vor der grellen Sonne schützen können. Viele Menschen scheuen keine Mühe, zunächst einmal Klettervorrichtungen wie hölzerne Schaukelringe und Schaukeln im Käfig anzubringen. Und wie die Erfahrung zeigt, freuen sich die Vögel meist sehr, wenn man ihnen solche Vorrichtungen gibt. Diese Turngeräte sind gewöhnlich den ganzen Tag über im Gebrauch. Sie helfen den Vögeln, sich in Bewegung und dadurch bei guter Gesundheit zu halten. Schaukeln und Schaukelringe sind nützlich und heilsam, Zwerge und andere Nippsachen gehören besser nicht in den Käfig.

Wenn Pflanzen für erforderlich gehalten werden, sollten sie das Äußere des Käfigs schmücken, d. h. Hängepflanzen darüber und einige Kletterpflanzen an den Seiten. Wenn die Pflanzen außerhalb der Schnabelreichweite der Vögel stehen, kann ein grüner Hintergrund sehr anziehend wirken.

Metall- oder Glaskäfige müssen regelmäßig gesäubert werden, und es ist ratsam, dies von Anfang an zu beherzigen. Der Boden sollte mit einer Schublade versehen sein, die mit einem Handgriff herausgezogen werden kann. Es ist nicht nötig, den Sand auf dem Boden (gut gewaschener Flußsand oder bester Muschelsand, der in Spezialverpackungen verkauft wird) jedes Mal zu erneuern. Aber die Exkremente und Samenhülsen müssen entfernt werden. Dazu sollte der Sand durch ein Sieb geschüttet werden, das speziell für diesen Zweck bereitliegt. Bei Bedarf wird frischer Sand nachgefüllt. Dann kann die Schublade wieder in den Käfig geschoben werden.

Man wird bemerken, daß die Vögel die Hülsen von jedem Samenkorn entfernen, das sie aufpicken. Wellensittiche haben jedoch keine Zähne, um das Korn selbst zu zermahlen. Dies geschieht erst in ihrem Magen. Zur Unterstützung des Verdauungsprozesses verschlucken die Vögel kleine Stücke Grit. Der Bedarf an Kalk ist also nicht der einzige Grund, den Vögeln feinen Muschelgrit zu geben.

Futter- und Trinkgefäße sind in großer Auswahl zu erhalten. Das Trinkwasser der Vögel muß jeden Tag erneuert werden. Das tägliche Nachprüfen des Futters ist genauso notwendig. Wenn wir das Futter kontrollieren, sollten wir im Interesse der Sauberkeit die Hülsen abblasen, die sich immer oben auf den Körnern ansammeln. Eine entsprechende Futterergänzung ist unerläßlich. Ein Wellensittich kann auch für verhältnismäßig kurze Zeit nicht ohne Futter auskommen. Nachlässigkeit in dieser Beziehung führt mit Sicherheit zu Verlusten.

Wenn mehr als ein Paar Vögel gehalten werden, so ist der Anzahl der Nistkästen besondere Aufmerksamkeit zu widmen. Zwei Paare benötigen mindestens drei, drei Paare vier oder fünf, doch auch bei der Haltung eines einzelnen Paares ist die Bereitstellung von zwei Nistkästen zu empfehlen. Es ist eine unbestreitbare Tatsache, daß Wellensittiche gern picken und wählen wollen. Aus unerklärlichen Gründen lehnen sie gelegentlich einen Nistkasten ab, der an geeigneter Stelle aufgehängt wurde. Wenn zwei Kästen zur Verfügung stehen, werden die Vögel stets eine sehr genaue Untersuchung durchführen, ehe sie ihre endgültige Wahl treffen. Nachdem sie sich entschieden und Eier gelegt haben, ist es ratsam, wenn auch nicht absolut notwendig, den anderen Kasten zu entfernen, da die Henne gelegentlich Eier in beide Kästen legt. Dies ist eine unerwünschte Angewohnheit, die natürlich zu nichts führt.

In dem Kapitel über Krankheiten wird auch die Mauser behandelt, obwohl diese natürlich keine Krankheit ist. Trotzdem läßt die Mauser den Vogel derart aussehen und sich fühlen, daß der Laie annehmen kann, sein Liebling sei in einer schlechten Verfassung. Der Besitzer wird dann unter den Krankheiten nachschlagen, um herauszufinden, was mit dem Vogel sein mag. Das ist der Grund, weshalb jenes Kapitel die Behandlung der Vögel in solchem Zustand einschließt. Da wir es jetzt jedoch hauptsächlich mit Vögeln zu tun haben, die in Wohnräumen gehalten werden, möchte ich in diesem Zusammenhang noch einige Bemerkungen machen.

Die Mauser erfolgt nicht bei allen Wellensittichen gleichartig. Einige brauchen sieben Wochen, um sie hinter sich zu bringen. Gelegentlich verläuft die Mauser unregelmäßig. Es liegt in ihrer Natur, daß die Vögel während der Mauser empfindlicher sind als gewöhnlich. Meistens verfügen in Wohnräumen gehaltene Vögel über weniger Widerstandskräfte als solche, die im Sommer und oft auch den ganzen Winter im Freien leben. Daher sind die ersteren während der Mauser besonders empfindlich gegen Kälte. Wenn wir jetzt die Tatsache ins Auge fassen, daß während der Mauer ein Teil des Futters, das der kleine Körper aufnimmt, für den Aufbau von neuen Federn gebraucht wird, so fällt es uns nicht schwer zu verstehen, daß in diesem Stadium zusätzliche Beigaben zum Futter in Form von einigen Tropfen Lebertran sich sehr gut auswirken. Bei einer gleichmäßig und schnell verlaufenden Mauser müssen wir um so mehr darauf achten, daß die Vögel vor Erkältungen und Zugluft behütet werden. In der Regel findet die Mauser um den Monat Oktober statt. Sie tritt je nach Witterung plötzlich oder allmählich auf. Ein überraschender Wechsel von Wärme in Kälte oder umgekehrt ruft oft eine Teilmauser hervor. Dies ist der Grund, weshalb so viele Vögel, die von einer Schau kommen, wo es gewöhnlich wärmer ist als an der frischen

Luft oder im Vogelraum, auf ihrem Rückweg manchmal zu mausern beginnen.

Nun sollen verschiedene Arten von Volieren zur Sprache kommen, die besonders für die Haltung von Wellensittichen geeignet sind. Natürlich steht eine umfassende Auswahl zur Verwirklichung eigener Ideen für diejenigen offen, die ihren Lieblingsvögeln selbst eine Unterkunft bauen möchten. Es ist jedoch meine Absicht, ein Volierenmodell zu skizzieren, das den Anforderungen derjenigen Wellensittichfreunde entspricht, die sich auf Züchten spezialisieren wollen. Bevor die Konstruktion der Voliere erörtert wird, sind ein paar Worte über den Aufstellungsort angebracht. Der für die Errichtung der

Hier sind die Außenflüge am Ende eines Schuppens angebaut

Voliere verfügbare Platz ist von entscheidender Bedeutung. Nehmen wir einmal an, daß der Liebhaber an der Rückseite seines Hauses einen Raum hat, der nach dem Garten weist. Oft steht ein Schuppen oder etwas ähnliches im Garten. Wenn dieser für unser Hobby nicht geeignet ist, können wir ihn fast immer dazu umbauen. Die Nutzbarkeit des Schuppens oder auch nur eines Teils davon als Vogelraum ist für uns eine große Hilfe. Im ungünstigsten Falle können wir die Schutzräume an eine Wand anbauen und daran die Außenflüge anschließen. Natürlich ist die Frage wichtig, in welcher Himmelsrichtung die Voliere liegen soll. Wenn wir gezwungen wären, die Innenräume und die Voliere nach Norden zu bauen, wo die Vögel nicht einen einzigen Sonnenstrahl bekommen würden, müssten wir die Idee ganz und gar fallen lassen. Aber nehmen wir an, daß in unserem hinteren Garten ein

Schuppen steht, und daß wir einen Teil davon als Innenraum verwenden können. Weiterhin setzen wir voraus, daß die Nachmittags- und Abendsonne auf unsere zukünftige Voliere scheint. Mit Hilfe von Reetmatten, Holz oder Brettern schirmen wir dann die Nordseite ab. Die Innenräume müssen mit einem Fenster sowie mit einer kleinen Tür, die in die Voliere führt, versehen werden.

Wenn wir die Voliere nicht mit einem Zementfußboden ausrüsten, sondern Gartenerde darin behalten möchten, müssen wir feinen Maschendraht in den Boden legen, um Ratten, Mäuse oder kleine Raubtiere fernzuhalten.

Steht ein geräumiger Garten am Haus zur Verfügung, so können wir einen günstigeren Ort auswählen. Durch Anpflanzung von Blumenbeeten, Sträuchern und Rasen kann sich unsere Voliere schön in eine ansprechende Gartenanlage einfügen.

Entschließen wir uns, eine Voliere mit Vogelhaus zu bauen, müssen wir zuerst überlegen, welches Material benötigt wird und welche Kosten entstehen. Auch wenn wir die Arbeiten selbst ausführen, sind die Ausgaben oft höher als es zuerst den Anschein hat. Manchmal bietet sich die Gelegenheit, Abbruchmaterial zu kaufen, wie alte Fensterrahmen, Einzäunungen, Türen usw. Jeder, der ein bißchen praktische Geschicklichkeit besitzt, kann mit solchem Material weit kommen.

Ich persönlich möchte zu einem Zementboden des Vogelhauses raten, da er Mäuse fernhält. Ein Holzboden wird oftmals durchgenagt. Was die Außenflüge anbetrifft, so ist ein Zementboden sehr geeignet, aber er mindert meist doch das allgemeine Aussehen der Anlage.

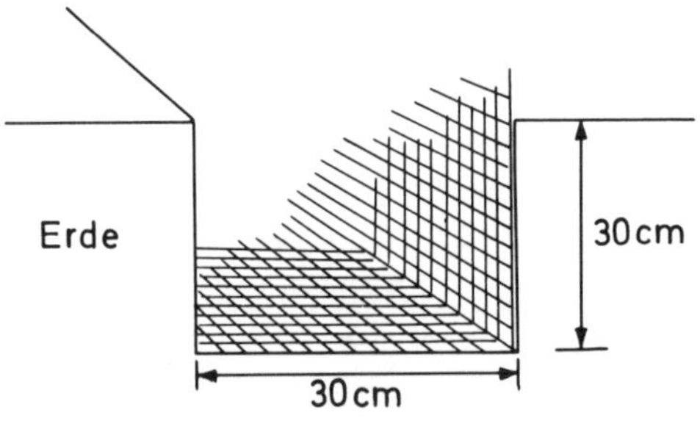

Wenn wir die Außenflüge ohne Zementboden bauen, sie aber noch gegen Mäuse sichern wollen, sollten wir einen etwa 30 bis 40 cm tiefen und etwa 30 cm breiten Graben um die Voliere herum ausheben. Wir führen unseren

Maschendraht weiter auf den Boden des Grabens und biegen einen 30 cm breiten Streifen nach außen, bevor wir Erde einfüllen (s. Zeichnung). Auf diese Weise führt der Maschendraht nicht nur senkrecht in die Erde, sondern bietet auch horizontal einen Schutz von gewisser Breite.
Auf den Seiten 76 und 77 ist die Zeichnung eines Vogelhauses für Zuchtzwecke mit Zuchtabteilen und Flügen dargestellt. Auf Seite 78 sind die erforderlichen Materialien aufgeführt (Grobmaße in Zentimeter):

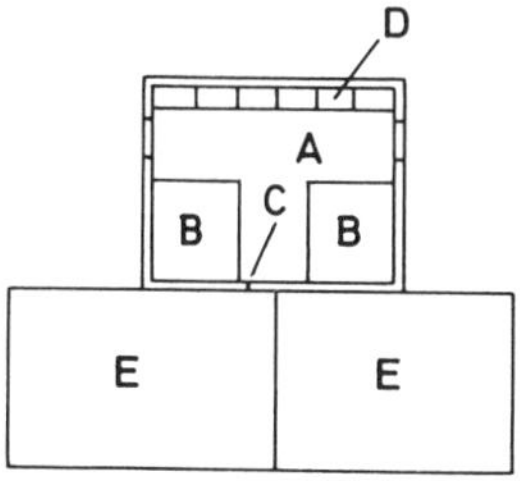

Eine interessante Voliere. Beachten Sie die kleinen Schiebetüren, die vom Haus in die Außenflüge führen, und die darüberliegenden Belüftungsöffnungen.
Grundriß der Voliere: A Gang, B Innenflüge, C Türen zu den Außenflügen, D Zuchtkäfige, E Außenflüge.

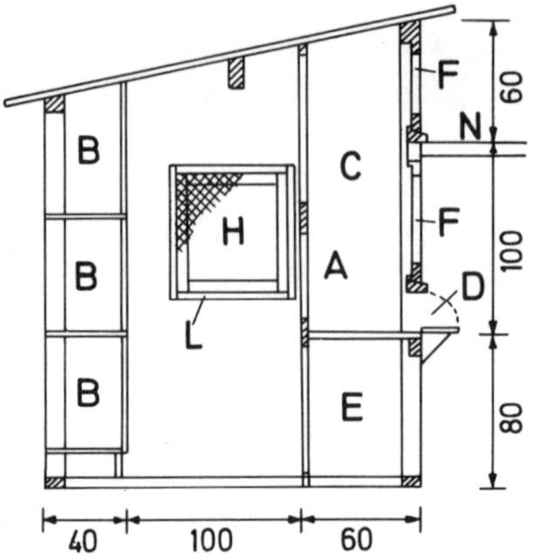

Fig. 1

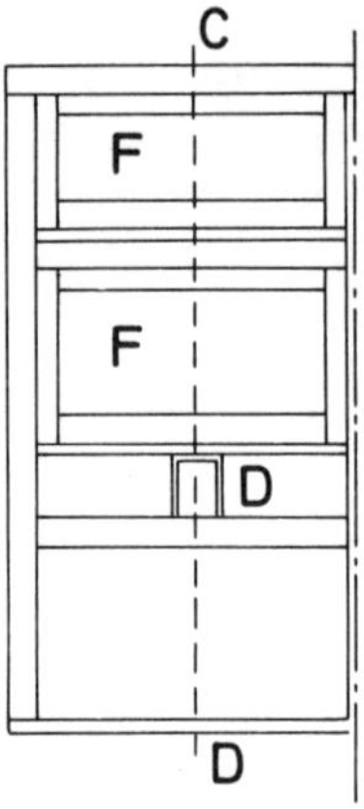

Fig. 3

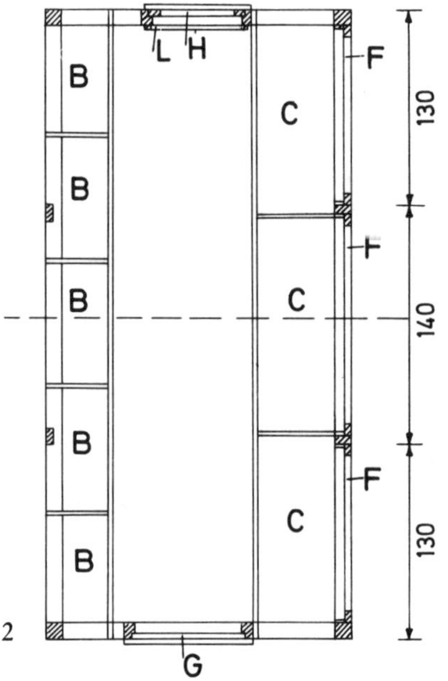

Fig. 2

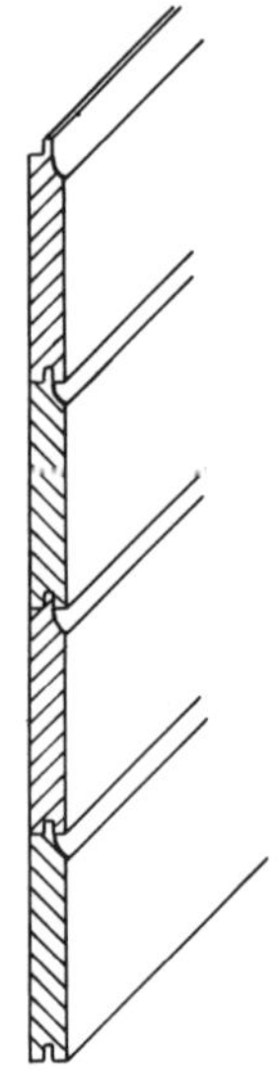
Fig. 4

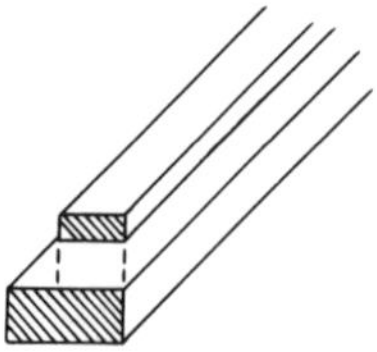
Fig. 5

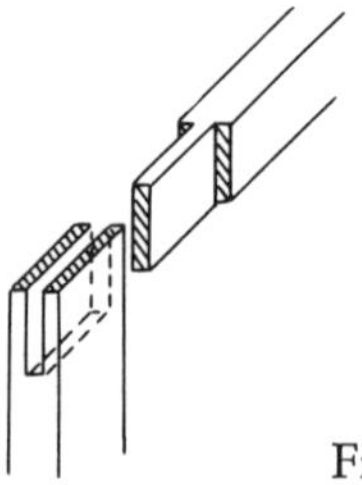
Fig. 6

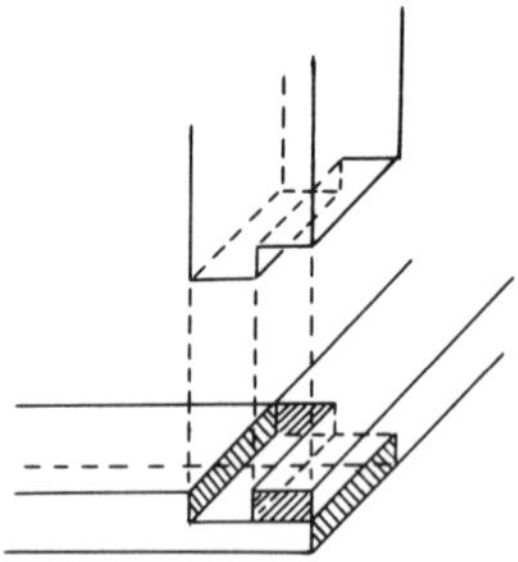
Fig. 7

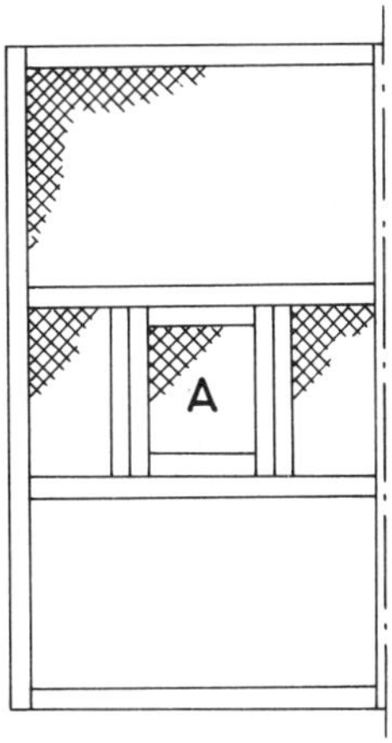

Fig. 8

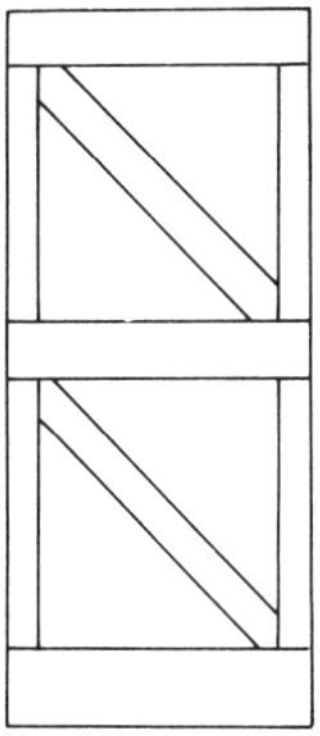

Fig. 9

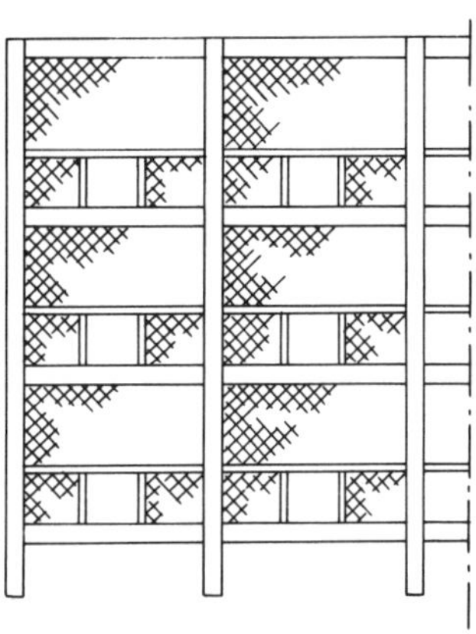

Fig. 10

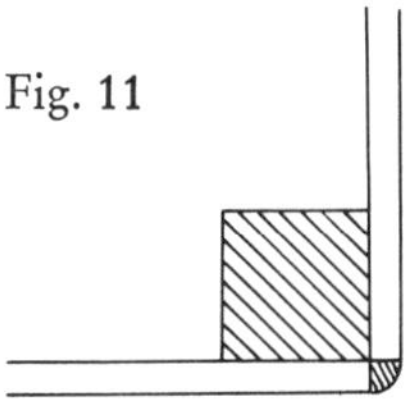

Fig. 11

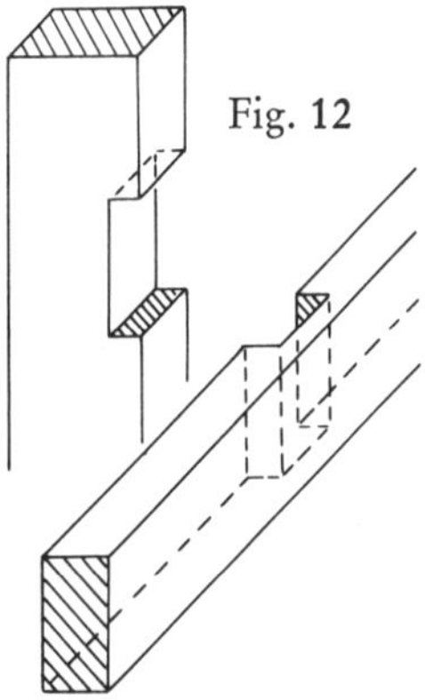

Fig. 12

Vogelhaus für Zuchtzwecke (Text Seite 78)

Fig. 1. Schnitt (s. Strichellinie in Fig. 2): A Maschendrahttür, B Zuchtabteile, C Innenflüge, D Ausflugöffnung, E Vorratsraum, F feststehende Fenster, H Mattglasfenster, L Maschendrahtfenster, N Belüftungsöffnung.

Fig. 2. Grundriß: B Zuchtabteile, C Innenflüge, G Tür, H Mattglasfenster, F feststehende Fenster, L Maschendrahtfenster.

Fig. 3. $^1/_3$ *der Vorderfront mit feststehenden Fenstern (F) und Ausflugöffnung (D).*

Fig. 4. Stülpschalung.

Fig. 5. Fertigen eines Anschlages.

Fig. 6. Fenster- oder Maschendrahttürverbindung.

Fig. 7. Bodeneckverbindung.

Fig. 8. Innenansicht der Innenflüge (hinter Fig. 3) mit Maschendrahttür (A) (siehe auch A, Fig. 1).

Fig. 9. Türkonstruktion.

Fig. 10. Vorderansicht der Zuchtabteile (siehe B, Fig. 1).

Fig. 11. Schalungsverbindungen an Ecken.

Fig. 12. Verbindung senkrechter und waagrechter Rahmen.

Eckpfosten und Dachbalken	10 × 10
Zwischenpfosten und alle horizontalen Rahmen	5 × 10
Zwischenbalken	6 × 15
Fensterrahmen	4 × 15
Stülpschalung (gehobelt)	2,5 × 15
Dachschalung	2,5 × 10
Anschlaglatten für Türen und Fenster	1,5 × 6
Anschlagleisten für Glas	1,5 × 2,5
Fußbodenbretter für Innenflüge und Zuchtabteile	2 × 10
Trennwände für Innenflüge und Zuchtabteile	2 × 10
Innenfront der Innenflüge	2,5 × 8
Vorderfront der Zuchtabteile	1,5 × 8
Maschendrahttüren und Fensterrahmen	1,5 × 8
Türen in Zuchtabteilen	1,5 × 5
Außenflüge:	
Eckpfosten und horizontale Rahmen	5 × 8
Türen	2,5 × 8

Das Dach wird mit starker Dachpappe gedeckt.

Der Fußboden besteht aus 30 × 30 cm großen Betonplatten. Die Platten werden in gleicher Höhe mit dem Bodenrahmen verlegt.

Der Platz unter den überdachten Innenflügen kann als Vorratsraum benutzt werden. Er eignet sich auch für die Unterbringung von Fasanen, Wachteln und dergleichen. Wenn man den Raum für diesen Zweck nutzen will, wird die Vorderseite mit einem weiteren Maschendrahtfenster mit Eingang und Schiebetür versehen. Es ist ratsam, den Fußboden in Beton herzustellen. Dies ermöglicht uns das Verankern des Rahmens im Beton mit Bolzen und Muttern. Dasselbe gilt für die Außenflüge.

Die Nistkästen können außen an den Zuchtkäfigen angehängt werden, d. h. an der Vorderseite, um zu vermeiden, daß man jedesmal in den Käfig langen muß.

Die Frontseite sollte nach Südwesten liegen und möglichst viele Fenster aufweisen. Jedes Fenster sollte an Scharnieren hängen und sich nach außen öffnen lassen. Alle Fenster müssen durch dünne Maschendrahtgitter gesichert sein. Dadurch wird das Entfliegen der Vögel durch eventuell zerbrochene Fensterscheiben verhindert. Weiterhin verwechseln Vögel leicht durchsichtige Scheiben mit Öffnungen. In solchen Fällen fliegen sie gegen das Glas und verletzen sich. Die Eingangstür zum Vogelraum sollte am besten an der Seite liegen. Die Vorderfront mit all ihren Fenstern wird oben noch mit einigen verschließbaren Öffnungen versehen. Für den Fall, daß wir alle Fenster geschlossen halten wollen, sollen diese den Vögeln als Ausflugöffnungen in die Außenflüge dienen.

Der an den Vogelraum angrenzende Teil der Außenflüge wird mit einem Streifen von unzerbrechlichem Glas oder normalen Glasscheiben abgedeckt. Im Sommer wird das Futter unter diesem überdachten Teil der Flüge gereicht.

Als Material für die Dachabdeckung kann Well-Eternit oder Holz mit Dachpappe verwendet werden. Die Dachpappe ist regelmäßig zu teeren. Es gibt verschiedene Fabrikate von Wellplatten, jedoch sind alle teuer.

Das Dach muß an der Rückwand ein Stück überstehen. Dadurch kann auf eine Regenrinne verzichtet werden. An der Vorderwand ist ein ähnlicher Dachüberstand ebenfalls sehr nützlich, da er das Hineinregnen verhindert.

Anstelle des normalen Maschendrahtes, der fast überall in verschiedenen Maschenweiten zu kaufen ist, können wir schwerere Drahtgeflechte verwenden, wie z. B. in zoologischen Gärten. Solche Geflechte sind allerdings sehr teuer. Bei regelmäßigem Streichen sind sie jedoch fast unverwüstlich. Unser Drahtgeflecht sollte gut verzinkt sein und keine Risse aufweisen.

Obwohl Rohre und Winkeleisen bestimmt die besten und haltbarsten Materialien für Außenflüge sind, habe ich oft Volieren aus Birkenstämmen oder geschälten und gestrichenen Ästen gesehen. Ich kann nicht leugnen, daß die Wirkung ansprechend und malerisch war. Die Wellensittiche beschädigen das Holz nicht sehr stark. Es hält für Jahre. Rohre sind sehr praktisch, aber die Konstruktion mutet manchmal nicht ganz geschmackvoll an. Dies kann andererseits durch Rankpflanzen auf den Flügen und harmonische Blumenanpflanzungen und Sträucher vor der Voliere ausgeglichen werden. Man sollte sich immer vor Augen halten, daß die Voliere ein Teil des Gartens ist. Darum sollte auch immer bedacht werden, daß der Vogelraum, auch wenn er aus Abbruchmaterialien gebaut wurde, keine baufällige, wackelige Angelegenheit wird oder die Schönheit des Gartens beeinträchtigt.

Die Frage, ob das Innere unseres Vogelhauses weiß gekalkt, mit weißer Farbe (ohne Bleigehalt) oder mit einem ungiftigen grünen Holzschutzmittel gestrichen wird, hängt von der Menge des einfallenden Lichtes ab. Wenn außer Frontfenstern noch Dachfenster vorhanden sind, brauchen wir gegen eine dunklere Farbe keine Bedenken zu haben. Das Resultat wird uns sicher nicht enttäuschen, wenn wir die Vögel mit ihrem bunten Gefieder vor dem angenehmen grünen Hintergrund betrachten. Eine weiß gekalkte oder mit weißer Farbe gestrichene Wand wirkt immer unnatürlich kahl und karg, in einem dunklen Vogelraum ist sie jedoch unerläßlich.

Die Vorderfenster sollten möglichst Doppelscheiben aus Plexiglas haben, da dieses die ultravioletten Sonnenstrahlen durchläßt, die für brütende Vögel in einem Vogelhaus so wichtig sind. Wenn unsere Vögel jedoch das ganze Jahr über aus- und einfliegen können, besteht kein Grund für die Verwendung von Plexiglas.

Es ist ratsam, für die Voliere einen Eingangsvorraum vorzusehen, um ein Entfliegen möglichst zu verhüten.

Beleuchtung im Vogelhaus ist durchaus zu empfehlen. Auf diese Weise können wir die langen Winternächte mit einer 25-Watt-Glühlampe verkürzen, die bis 22 Uhr brennt. Danach kann eine 5-Watt-Glühlampe eingeschaltet werden. Durch diese zweite kleine Glühlampe können wir jedes Risiko vermeiden, das ohne Notbeleuchtung besteht. Ein umherfliegender Vogel würde z. B. seinen Schlafplatz im Dunkeln nicht finden. Ebenso wäre eine Henne mit Jungtieren, die gerade zu den Futternäpfen geflogen ist, nicht in der Lage, in den Nistkasten zurückzukehren.

Wenn während des Winters die Fenster geschlossen gehalten werden müssen, wird eine gute Belüftung wichtig. Es sollte in der Seitenwand am Boden und oben eine kleine drehbare Klappe eingebaut werden. Die Frischluft strömt durch die untere Klappe hinein, während die verbrauchte, etwas wärmere Luft nach oben steigt und durch die obere Klappe aus dem Raum entweicht. So erhalten wir die erforderliche Luftzirkulation; denn in einer ständig geschlossenen Innenvoliere ist gute Belüftung unerläßlich.

Es gibt natürlich viele Wege, eine Voliere zu bauen. Die Möglichkeiten der äußeren und inneren Anordnung sind praktisch unbegrenzt. Doch muß es stets unser Ziel sein, die kalten Nord- und Ostwinde abzuhalten und so viel Sonne und Licht wie möglich einzufangen.

Es wurde schon darauf hingewiesen, daß es vielfach möglich ist, einen alten Schuppen in eine ideale Behausung für unsere Vögel umzuwandeln. Stein- oder hölzerne Doppelwandgebäude haben allen anderen gegenüber immer den Vorteil, daß die Temperaturen wesentlich geringeren Schwankungen unterliegen. Wellensittiche können jedoch einige Grad Kälte vertragen. Meist ist es überflüssig, den Vogelraum in irgendeiner Weise zu heizen. In extrem kalten Zeiten können wir einen Infrarotstrahler oder eine Kükenlampe anbringen. Natürlich muß man das Trinkwasser vor dem Einfrieren schützen. Entweder wird es auf einen Teewärmer gesetzt oder in die Nähe eines Infrarotstrahlers oder einer Glühbirne gestellt.

Grüne Büsche oder Sträucher bringen nicht viel Freude in einer Voliere, da die Wellensittiche sie sehr schnell zerstören. Besser sind Grasflächen in den

Flügen. Man kann auch etwas Hirse oder Weizen in der Voliere aussäen. Selbst wenn die aufwachsenden Pflanzen nie Samen ausbilden werden, ist den Wellensittichen damit etwa Gutes getan, zumal sie gerne an die Keimlinge gehen.

Der mit Gras bewachsene Teil der Voliere muß natürlich Regen auffangen können. Wir dürfen daher nicht die gesamte Außenvoliere abdecken. Wellensittiche lieben den Regen und tollen in dem nassen Gras.

Die Einrichtung für einige Schaukeln oder Ringe sollte nie vergessen werden. Sie mögen als überflüssiges Spielzeug erscheinen, doch die Erfahrung zeigt, daß die Vögel sie fast immer benutzen. Ich bin überzeugt, daß alle turnerischen Kunststücke ihrer Gesundheit sehr zuträglich sind. Davon abgesehen ist es ein faszinierender Anblick, den Vögeln bei ihren Turnübungen an den Spielgeräten zuzusehen. Eine Kletterstange ist im Käfig recht, in der Voliere aber fehl am Platz.

Sitzstangen sollten im obersten Teil der Voliere befestigt werden. Sie sollten rund und möglichst aus frischem Holz sein, im Durchmesser verschieden.

Zubehör für Käfige und Volieren

Die Futterbehälter für unsere Wellensittiche müssen in erster Linie zweckmäßig sein. Wir können einen tiefen Blumentopfuntersetzer für diesen Zweck verwenden. Dann werden die Vögel die Samenkörner aber wahr-

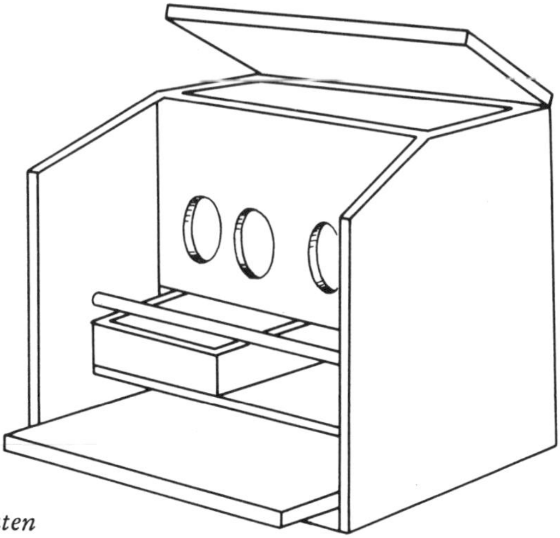

Modell eines Futterautomaten

scheinlich im ganzen Käfig umherstreuen. Sogenannte Futterautomaten stehen in vielen verschiedenen Ausführungen zur Verfügung. Einer davon ist auf Seite 81 abgebildet. Einige lassen eine Schublade als Hülsenfang vermissen. Derartige Futterautomaten sind nicht empfehlenswert, da Wellensittiche sehr viel Schmutz machen. Es gibt andere mit geschlossener Vorderfront, ohne Glasplatte. Diese sind nicht ganz ungefährlich, da sie nicht auf einen Blick anzeigen, ob die Vögel genügend Futter haben. Da Wellensittiche nicht lange ohne Futter leben können, haben solche Automaten manchmal verhängnisvolle Folgen. Gute Automaten sollten mit einer Glasvorderfront und einer Schublade als Hülsenfang versehen sein.

Für Sepiaschalen können wir kleine Halterungen kaufen oder selbst anfertigen. Salzsteine können direkt auf den Käfigboden gelegt werden. In den Sand auf dem Boden streut man Austerngrit. Wenn wir speziellen Vogelsand aus zoologischen Handlungen verwenden, ist ein Zusatz von Grit nicht nötig, da dieser Sand die erforderlichen Mineralien enthält. Eine Tonschale mit Grit kann in eine Ecke der Voliere gestellt werden.

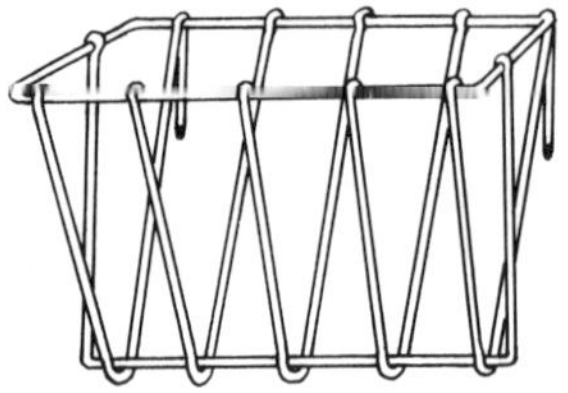

Futtergrippe für Grünfutter oder Halterung für Sepiaschalen

Für das Grünfutter sind Futterkrippen vorzuziehen, da die Wellensittiche es sonst leicht umherstreuen.

Trinkgefäße können aufgehängt oder in die Mitte der Käfige gestellt werden. Die besten Gefäße sind Behälter, die in eine darunter befindliche Schale umgestülpt werden. Es gibt auch umstülpbare Flaschen mit Aufhängungen aus Blech. Am besten befestigt man solch einen Trinkwasserautomaten an der Wand und bringt davor eine Sitzstange an.

Es sollen nun verschiedene geeignete Nistkästen und Einsätze zur Sprache kommen. Gegen die gewöhnlichen Birken- und Pappelnistkästen gibt es keine Einwendungen, vorausgesetzt, daß sie groß genug sind. Sie wirken sehr dekorativ. Wenn sie entsprechend den praktischen Anforderungen angebracht sind, schadet das Herausnehmen für einen Moment zur Nestkontrolle nicht. Läßt der Deckel sich jedoch aufklappen, so ist es bei günstiger

Aufhängung nicht nötig, den Nistkasten herauszunehmen. Durch Öffnen des Deckels können wir einen verstohlenen Blick in das Innere werfen.
Der Züchter kann zwischen quadratischen und rechteckigen Nistkästen aus Spanplatten oder Holz wählen. Es gibt so viele verschiedene Typen, daß es zu weit führen würde, sie hier alle aufzuzählen.

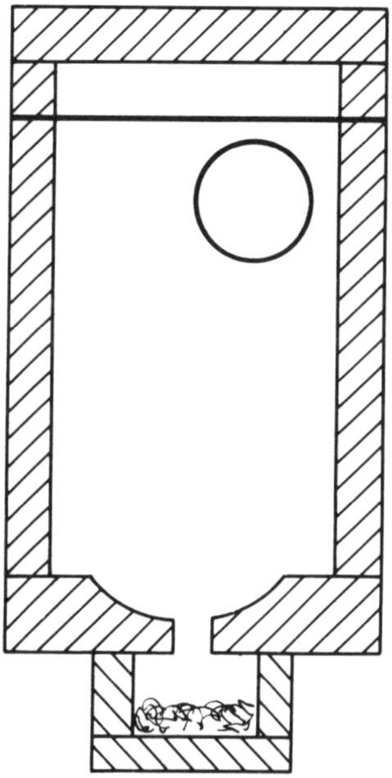

Nistkasten mit Eierfalle

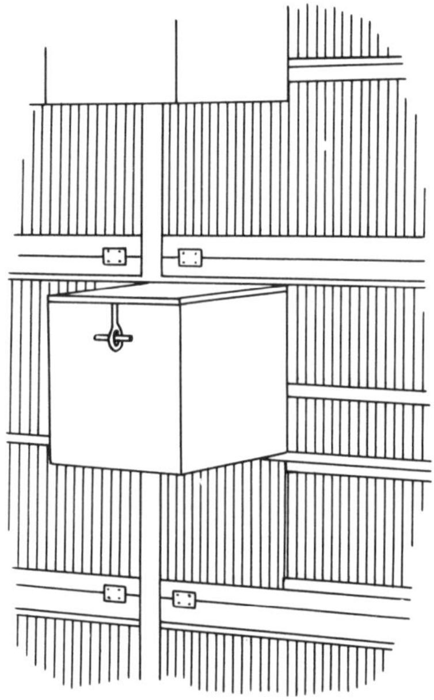

Quadratischer Nistkasten

Von einigen sind Abbildungen wiedergegeben. Ich möchte keine Meinung über ihre Beschaffenheit äußern oder entscheiden, welches der bessere Nistkasten ist. Wellensittiche züchten in fast jedem Nistkasten. Ich rate dazu, nur solche zu bauen oder zu kaufen, die leicht zu reinigen sind und eine Nestkontrolle ohne Störung erlauben.
Wie an anderer Stelle schon erwähnt, ist es möglich, eine ganze Kolonie miteinander brüten zu lassen. Die Nistkästen werden dann in verschiedenen Etagen nebeneinander angeordnet. Jeder Nistkasten beherbergt eine andere Familie.
Für Hennen, die ihre Eier zerstören, wurde ein Spezialnistkasten erfunden. Er war 1953 in der Zeitung „Cage Birds“ abgebildet. In die Mitte der Aus-

höhlung wird ein Loch gebohrt, das etwas größer als ein Ei ist. Sobald die Henne ihr Ei in der Aushöhlung ablegt, fällt es durch dieses Loch in eine darunter befindliche kleine mit Watte ausgelegte Schachtel. Das Ei ist unzerbrochen und kann nun einer anderen Henne untergelegt werden. Es ist klar, daß wir uns solche Mühe nur mit einer besonderen Henne machen, auf die wir wegen ihrer guten Merkmale in unserem Stamm nicht verzichten wollen. Ich erwähne dies nur, um zu zeigen, welche Erfindungsgabe manche Züchter besitzen. Der gute Züchter wird für fast jede ihm begegnende Schwierigkeit eine geeignete Lösung finden.

Wenn wir eine Wand mit einer Serie von Zuchtkäfigen ausstatten, z. B. in drei Reihen übereinander und jeweils fünf nebeneinander, jeder 50–60 cm hoch und 50 cm tief, in der Breite veränderlich zwischen 75 cm und 90 cm, so ist es empfehlenswert, unter den Zuchtboxen ein Regal oder einen Schrank für Futtervorräte und Zuchtzubehör vorzusehen. In solch einem Fall ist es auch vorzuziehen, die Nistkästen außerhalb der Käfige anzubringen, um das Öffnen der Zuchtboxen bei der Nestkontrolle zu vermeiden. Die Futterautomaten sollten wir dann als schmale Schubladen bauen, die täglich geöffnet werden, um die Hülsen abzublasen und den Futterbedarf nachzufüllen. Die Trinkgefäße können im Käfig befestigt oder aufgestellt werden. Da sie aus Glas sind, können wir den Wasserbedarf leicht kontrollieren. Außerhalb des Käfigs angebrachte kleine Trinknäpfe können genauso gut verwendet werden, wenn davor eine Sitzstange angeordnet wird.

Die Zuchtkäfige erhalten Schubladen, auf die Sand gestreut wird, um das Säubern zu erleichtern. Die Abmessungen der Nistkästen sind unterschiedlich. Die Mindestgröße sollte 13 × 13 cm sein, die Höhe 20 cm oder mehr und das Einflugloch ungefähr 4,5 cm im Durchmesser. Es sollte nicht in der Mitte liegen, sondern oben und ein bißchen nach rechts oder links versetzt sein. Die Aushöhlung im Boden wird günstig auf der gegenüberliegenden Seite des Schlupfloches angeordnet. Der hineinschlüpfende Vogel hüpft dann zuerst neben die Aushöhlung und kriecht danach vorsichtig auf das Gelege. Dies ist die bessere Lösung als ein Einflugloch direkt über den Eiern, wodurch die Henne leicht einige Eier zerstören kann, wenn sie eilig in das Nest hüpft. Vor dem Einflugloch kann eine Sitzstange angebracht werden, die der Hahn während der Brutzeit viel benutzt, besonders dann, wenn er die Henne füttert. Diese Stange ist nicht unbedingt nötig, denn Wellensittiche ziehen es oftmals vor, draußen an den Nistkästen zu hängen.

Da Hennen gern im Einflugloch hocken und so die Frischluftzufuhr verhindern, ist es wichtig, zusätzlich Belüftungslöcher unter dem Deckel der Nist-

kästen vorzusehen. Die Jungen sterben zwar nicht an mangelnder Luftzufuhr, aber es ist klar, daß es besser ist, wenn wir für gute Luftzirkulation im Nistkasten sorgen.
Als praktisch hat sich auch ein loser Einlegeboden mit Aushöhlung erwiesen. Wenn die Jungen starken Schmutz machen und die Henne es unterläßt, ihn hinauszuwerfen, so kann der beschmutzte Boden einfach gegen einen sauberen ausgetauscht werden.

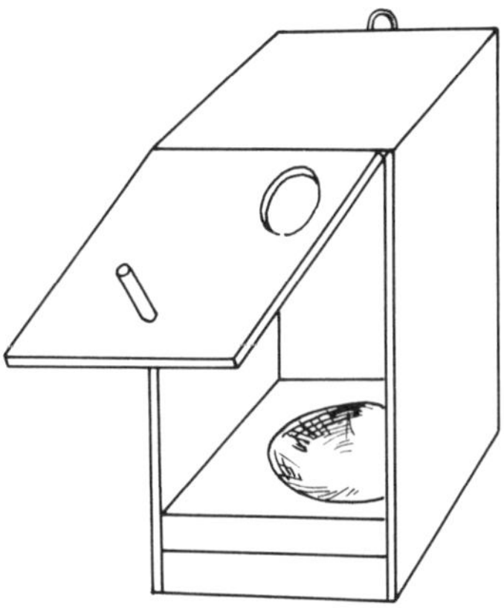

Nistkastenbauart

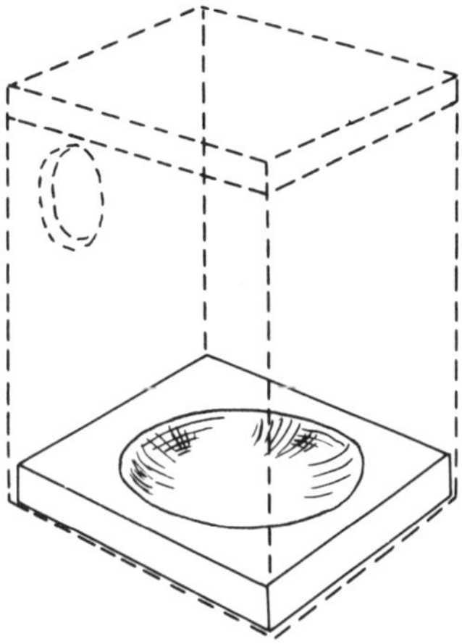

Pappnistkasten mit ausgehöhltem hölzernen Boden

In dem englischen Buch „The Cult of the Budgerigar“ beschreibt Watmough die obenerwähnten Pappnistkästen, die er selbst verwendete. Die Böden sind aus Holz und ausgehöhlt. Die Skizze zeigt deutlich, wie sie angefertigt werden sollten. Die Herstellungskosten sind jedoch wahrscheinlich höher als man schätzt. Meiner Meinung nach ist es besser, Nistkästen aus Spanplatten oder Sperrholz zu bauen, die nur wenig mehr kosten. Sie sind leicht zu reinigen und halten jahrelang.

Fütterung

Es gibt eine Reihe verschiedener Samenarten, die als Wellensittichfutter sehr gut geeignet sind. Der Wellensittich hat sich seinen Platz in unseren Häusern schon vor so langer Zeit erobert, daß viele Firmen ihre eigenen Spezialfut-

termischungen auf den Markt gebracht haben. Alle diese Mischungen werden unter der allgemeinen Bezeichnung „Wellensittichfutter“ gehandelt.
Beim Vergleich verschiedener Mischungen untereinander stellen wir mit Sicherheit einige gemeinsame Hauptbestandteile fest. Doch der Züchter, der kein Risiko eingehen möchte – und das sollte man bei lebendem Inventar wirklich nicht – kauft Wellensittichfuttermischungen in Spezialpackungen, die eine Standardmischung von unveränderter Qualität verbürgen. Die Vogelhandlungen bieten solche Packungen an. Für einen Züchter, der nur wenige Vögel hält, wird der geringe Mehrpreis bestimmt kein Hindernis sein. Diejenigen, die eine große Anzahl von Vögeln zu versorgen haben, können sich lose Sämereien kaufen und damit ihre eigenen Mischungen herstellen.
Es ist immer ratsam, Kunde bei einem angesehenen Vogelhändler zu sein, der in Bedarfsfällen gern praktische Ratschläge erteilt.
Wir haben gehört, daß die Wellensittiche in Australien von reifen Grassamen leben. Obgleich wir solche Samen hier nicht beschaffen können, müssen wir uns versichern, daß die Sämereien, die wir unseren Vögeln geben, weder alt noch verdorben sind. Der Wert des Futters hängt von dessen Keimkraft ab. Nachfolgend wird ein ausgezeichneter Versuch beschrieben, die Keimkraft des Samens zu prüfen. Nachdem man 100 Körner auf ein Blatt Löschpapier gestreut hat, feuchtet man den Samen an und beläßt ihn für zwei Tage an einem warmen, luftigen Platz. Sobald das Löschpapier trocknet, wird es erneut angefeuchtet. Nach zwei Tagen kann man leicht feststellen, welche Samen keimen und welche nicht. Nach drei Tagen werden die gekeimten Körner gezählt und der Prozentsatz der gekeimten und der toten Samen bestimmt. Wenn wir solch einen Keimversuch mit verschiedenen Mischungen durchführen, werden wir entdecken, daß die Preisunterschiede in der Regel mit den Qualitätsunterschieden zusammenhängen.
Viele Züchter behaupten, daß die Qualität der von uns verfütterten Sämereien nicht von großer Bedeutung sei. Obgleich ich weiß, daß solche Züchter oft zufriedenstellende Zuchtergebnisse haben, möchte ich derartige Behauptungen als ganz und gar unrichtig ablehnen. Der Krieg gab uns Gelegenheit genug, dies festzustellen. Der Mensch übersteht in der Regel knappe Rationen leicht, ja, eine Anzahl übermäßiger Esser hat sogar den Nutzen davon: seit Jahren Magenkranke, Leber- und Nierenkranke fühlten sich plötzlich wie neu geboren! Im Krieg waren Wellensittichfuttermischungen kaum zu bekommen und für die meisten ohnehin viel zu teuer. Man war daher gezwungen, mit Ersatzsämereien zu experimentieren. Auf diese Weise kam zwar tatsächlich eine beträchtliche Zahl von Wellensittichen durch, es kann

jedoch nicht geleugnet werden, daß die Qualität der Vögel darunter litt, und es bestehen kaum Zweifel, daß das Futter die Schuld daran trägt.
Mag dies sein wie es will, Wellensittiche brauchen verschiedenerlei Kanariensaat ebenso wie verschiedene Arten Hirse. Kanariensaat *(Phalaris canariensis)* wird in Südeuropa, Australien, Afrika und Asien angebaut.
Natürlich sind die bei einer Vogel- oder Samenhandlung erhältlichen Sämereien nicht immer von gleicher Qualität. Wenn wir ein wenig Kanariensaat selbst aussäen und ein Büschel mit reifen oder fast reifen Ähren in die Voliere oder den Käfig hängen, erweisen wir unseren Lieblingen einen guten Dienst. Es ist ein wunderbares Körperaufbaufutter, insbesondere für junge Wellensittiche, die noch im Nistkasten liegen.
Neben der Kanariensaat brauchen die Vögel Hirse, die ebenfalls in den oben genannten Ländern angebaut wird. Sie würde auch bei uns gedeihen; das wäre jedoch nur für den privaten Gebrauch lohnend, denn die Qualität der bei uns gewachsenen Hirse wird nie so gut ausfallen, um sie erfolgreich auf den Markt zu bringen. Die weißen Sorten sind bei weitem die besten, es folgen die gelben und schließlich die braunen. Die bekannte Senegalhirse, die oft als Kolbenhirse (in Bündeln) verkauft wird, ist eine Delikatesse für tropische Vögel und ein ausgezeichnetes Wellensittichfutter.
Es bestehen jedoch große Qualitätsunterschiede zwischen den Sämereien einer Sorte, die von verschiedenen Faktoren abhängen. Da ist z. B. die Wachstumsperiode, die Umstände, unter denen die Saat reift und schließlich, ob sie gut getrocknet und gereinigt wurde. Sämereien sind wie Weine: das Jahr ist genauso wichtig wie das erntende Haus. Darum sollte man es sich zur Regel machen, *Sämereien nur von anerkannten Firmen zu kaufen.*
Wenn man sich entschlossen hat, sein Futter selbst zu mischen, nimmt man $^1/_3$ Kanariensaat, $^1/_3$ weiße Hirse und $^1/_3$ gelbe Hirse. Diese Zusammensetzung basiert auf der Voraussetzung, daß der Züchter wirtschaftlich arbeiten muß, andernfalls nimmt man besser $^2/_3$ Kanariensaat und $^1/_3$ weiße Hirse.
Ich empfehle jedoch nicht, diese Zusammensetzung das ganze Jahr zu füttern. Wie so ziemlich alle Tiere, brauchen auch Wellensittiche gelegentlich eine Abwechslung. Dies kann hin und wieder einfach durch eine Änderung der Anteile des Gemischs erreicht werden. Noch besser ist es, besonders im Frühjahr, etwas Hafergrütze oder geschälten Hafer hinzuzufügen.
Es ist einleuchtend, daß der Futterbedarf der Vögel entsprechend ihrem Alter variiert. Junge Vögel brauchen Futter mit körperaufbauenden Stoffen. Mausernde Vögel brauchen Futter, das außer der nötigen Energie auch Nährstoffe für die Bildung neuer Federn enthält. Elternvögel, die Jungtiere

aufziehen, bevorzugen Grünfutter und halbreife Sämereien. Vögel, die für die Zucht vorbereitet werden, brauchen mehr Mineralstoffe. Während des Winters ist energiespendendes Futter wichtig.

Es ist nicht sehr schwierig, diesen natürlichen Anforderungen nachzukommen, wenn wir hier etwas Aufmerksamkeit walten lassen. Geschälter Hafer oder Hafergrütze unterstützen den Paarungstrieb. Daher werden diese Futtermittel am besten vor der Zuchtsaison beigemischt.

Alle besonderen Futterzusätze und Sonderfuttermittel zur Konditionserhöhung sind wertvoll während der Aufzucht von Jungvögeln. Zoologische Fachgeschäfte oder Futtermittelhandlungen haben meist eine Anzahl ausgezeichneter Sorten zur Verfügung. In der Zuchtsaison erzielten mehrere Züchter hervorragende Ergebnisse, indem sie in Milch bzw. Wasser getränktes altes Weizenbrot zusätzlich zur Hauptnahrung verabreichten. Wer sich zu diesem Verfahren entschließt, muß darauf achten, daß das Brot mindestens ein paar Tage alt ist. Dieses Brot wird dann eingeweicht und danach sorgfältig ausgepreßt. Erst dann sollte Milch hinzugefügt werden. Milch hat natürlich im Sommer den Nachteil, daß das Brot säuert. Dies ist gefährlich. Nicht aufgefressenes, in Milch eingeweichtes Weißbrot sollte jeden Abend entfernt werden.

Grünfutter ist von elementarer Wichtigkeit, besonders zur Vitaminaufnahme der Vögel. Solches Futter sollte während keiner Saison fehlen. Vogelmiere, Zichorie, Spinat und Endiviensalat sind nahezu immer erhältlich. Samentragende Gräser sollten den ganzen Sommer über verabreicht werden.

Eine reichliche Menge Austerngrit und Mineralgrit sind äußerst wichtig. Getrocknete und zerstoßene Hühnereierschalen sind auch sehr wertvoll. Ganz abgesehen von der Tatsache, daß die Vögel den Grit zum Zermahlen der Samen im Magen benötigen, enthält er auch eine Anzahl unerläßlicher Mineralstoffe, die für den Aufbau des Körpers wichtig sind. Alte Mörtelstücke sind ebenfalls vorteilhaft, und nicht zuletzt sollten immer Sepiaschalen angeboten werden.

Obgleich es nun so aussehen mag, daß die Wellensittichhaltung doch nicht so einfach ist, wie man vielleicht gedacht hat, glaube ich sicher, daß die meisten Liebhaber sie auf die Dauer nicht schwierig finden. Eine ganze Reihe unerläßlicher Nährstoffe kann zusammen für eine längere Zeit gegeben werden, und der Rest wird nichts als Gewohnheit und Routine.

Noch ein letztes Wort über den hohen Wert von gekeimten Sämereien. Es ist sehr leicht, diese zu Hause selbst herzustellen. Nachdem man etwas Saat in ein einfaches Marmeladeglas geschüttet hat, füllt man es mit Wasser auf und läßt es so über Nacht stehen. Am nächsten Tag wird das Wasser erneuert und der Inhalt in ein anderes Glas geschüttet, das durch einen mit vielen kleinen Löchern versehenen Deckel verschlossen wird. Das Glas wird dann mit dem Deckel nach unten so aufgestellt, daß das Wasser langsam heraustropft. Am folgenden Tag sprießt der Samen nun sichtbar und kann so verfüttert werden. Es ist ratsam, nicht zuviel Keimfutter auf einmal zuzubereiten, da es leicht säuert. Der Vorrat sollte nie die Rationen für wenige Tage übersteigen. Um die Verdauung zu erleichtern, gibt man etwas Holzkohle auf das Futter (in Spezialpackungen bei fast allen Vogelhändlern erhältlich). In der nachstehenden Tabelle wird der prozentuale Gehalt der Sämereien für Wellensittichfutter angegeben:

	Rohprotein	Rohfett	Wasser	unverdauliche Bestandteile	Rohfaser	andere Kohlenhydrate
Kanariensaat *(Phalaris canariensis)*	14,4	6,4	11,8	5	7,1	55,3
Hirse *(Panicum* und *Setaria)*	11,3	4,2	11,7	3,8	8,5	60,5
Hafer	11,3	5,6	11,2	3,4	11,6	56,9

Ich darf dieses Kapitel nicht ohne letzte Warnung abschließen. Wellensittiche können nicht lange ohne Futter leben. Wenngleich nahezu alles andere einen Tag lang vernachlässigt werden kann, die Futternäpfe müssen zu jeder Zeit gefüllt sein. Ich habe schon die Wichtigkeit des Trinkwassers erwähnt. Es sollte jeden Tag erneuert werden. Badewasser ist jedoch nicht unbedingt notwendig.

Krankheiten

Jeder Züchter muß sich mit den Krankheiten befassen, denen seine Vögel ausgesetzt sind. Trotz ausgezeichneter Pflege und bestem verabreichten Futter können einer oder mehrere Wellensittiche krank werden oder sterben. Man sollte es nicht dem Zufall überlassen, ob der Vogel wieder gesund wird oder nicht. Wenn ein toter Vogel auf eigene Verantwortung beseitigt werden muß, lasse man es hierbei nicht bewenden. Es gibt zahlreiche Forschungsinstitute, an die er geschickt werden kann. Im Interesse der Liebhaberei sollte der Züchter herauszufinden versuchen, welchem Leiden oder welcher

Krankheit die Vögel erlagen und welche Maßnahmen hätten unternommen werden können, um sie zu heilen.

Psittakose. Vögel, die aus unbekannten Ursachen eingehen, geben verständlicherweise mehr Grund zur Besorgnis als solche, die den Alterstod sterben. Es sind vielerlei Ursachen möglich. Jedoch ist die am meisten gefürchtete Krankheit die Psittakose oder Papageienkrankheit, die auch auf Menschen übertragen werden kann. Dank dem Penicillin und dem Aureomycin sind die jüngsten Krankheitsfälle, die anfänglich wie eine Lungenentzündung auftreten, für den Patienten nicht tödlich ausgegangen, soweit ich unterrichtet bin. Trotzdem verursachen zahlreiche, vor vielen Jahren in der Presse veröffentlichte verwirrende Artikel hierüber noch immer Unruhe unter den Vogelliebhabern. Hin und wieder schreckt die Angst vor der Psittakose einen Züchter von der Papageien- oder Wellensittichhaltung ab. Jedoch ist nicht zu bestreiten, daß Papageien und Wellensittiche nicht die alleinigen Träger dieses Virus sind, das die Krankheit verursacht. Es kann auch bei anderen Vögeln wie Kanarienvögeln, Hühnervögeln, Enten, Fasanen, Tauben und wilden Vögeln ebenso auftreten. Solche Vögel tragen das Virus jedoch seltener, und im gegebenen Falle ist die Krankheit weniger ernst. Amerikanische Wissenschaftler haben vorgeschlagen, daß die Krankheit daher *Ornithose* genannt wird, zur Unterscheidung von der Psittakose, die fast ausschließlich bei Papageien und Wellensittichen auftritt. Die das Virus tragenden Vögel sehen am Anfang noch gesund aus, d. h. die Krankheit ist nicht sofort erkennbar. Sie kommt erst zum Ausbruch, wenn sich die allgemeine Kondition der Vögel verschlechtert, genauso wie Menschen mit schlechtem Befinden empfindlicher gegen jegliche Infektion sind als gesunde.

Weil so viel über die Gefahren der Psittakose gesagt und geschrieben wurde, möchte ich hierauf etwas näher eingehen. Meiner Meinung nach ist die Gefahr heute so gering, daß es für niemanden einen wirklichen Grund gibt, die Wellensittichliebhaberei deswegen zu meiden oder aufzugeben.

Frühere Übertreibungen durch die Presse über die Gefahren der Psittakose machten dereinst den Import von Wellensittichen unmöglich. Vor einiger Zeit haben Vogelliebhaber in der ganzen Welt gegen solche Berichte protestiert. Sie behaupteten mit gutem Grund, daß die Kontrollbestimmungen über den Import von Vögeln noch der Zeit angehören, als der ärztlichen Wissenschaft wirksame Heilmittel noch nicht zur Verfügung standen und ein gelegentlicher Todesfall durch Psittakose nicht verhindert werden konnte.

Untersuchungen haben bestätigt, daß die Ursache der Krankheit in den schlechten Bedingungen zu suchen ist, unter denen Massenimporte vorgenommen wurden. Die Vögel waren massenweise in muffigen Käfigen ohne Licht, frische Luft und Wasser untergebracht. Unter solchen Bedingungen mußte die Gesundheit der Vögel beeinträchtigt werden. Dem verborgen existenten Virus wurde dadurch volle Entfaltungsmöglichkeit in einem gefährlichen Umfang gegeben. Die Krankheit trat niemals bei Vögeln in einem Käfig auf, die einige Jahre lang korrekt gepflegt wurden. Auch in den USA sind die Behörden noch immer sehr wachsam. Das strikte Importverbot wird dort noch aufrechterhalten. In England und in unserem Land wurden Bemühungen unternommen, die Vögel nach einer Zeitspanne strenger Quarantäne zuzulassen. Dieses Verfahren hat seine Schwierigkeiten, da das Virus, nachdem es sich 8–10 Monate verborgen hielt, sich immer noch entwickeln kann, wenn die Kondition der Vögel sich plötzlich verschlechtert.

Trotz dieser Beschränkungen versuchen viele Züchter die Zulassung von Importvögeln zu fördern. Neue Gesetzesentwürfe, die die ärztliche Behandlung aller in die USA importierten Vögel empfehlen, sind vorgelegt worden. Menschen, die sich an dieser Krankheit infiziert haben, können durch Aureomycin geheilt werden, und ebenfalls die Vögel. Dies ist ohne Zweifel die spezifische Behandlung, die die neuen Gesetzesentwürfe beinhalten. Um festzustellen, ob Psittakose vorliegt, muß eine Blutuntersuchung vorgenommen werden. Da die Symptome der Lungenentzündung ähneln, besteht die Gefahr, daß der Hausarzt eine falsche Diagnose stellt. Die Krankheit nimmt keinen gleichmäßigen Verlauf. Das Fieber verschwindet und tritt wieder auf, wieder und wieder. Der Laie, der um diese Verhältnisse weiß, kann natürlich umgekehrt auch zu dem falschen Schluß neigen, daß die angebliche Lungenentzündung sich letzten Endes als Papageienkrankheit herausstellt. Im Hinblick auf die vorhergegangenen Betrachtungen möchte ich dem Züchter immer raten, von einem bekannten Zoohändler oder Züchter neugekaufte Vögel zumindest sechs Wochen in Quarantäne zu nehmen. Wenn die Vögel sich dann als gesund herausstellen, können sie in die Voliere gelassen werden. Es kann sich dann zwar immer noch einer als krank erweisen, die Wahrscheinlichkeit ist aber sehr gering.

Die Pflege der Vögel sollte in jeder Beziehung tadellos sein. Sie dürfen nicht in einem dunklen Schuppen oder einer feuchten Küche gehalten werden. Wenn sie eine helle Behausung, frische Luft, aber keine Zugluft, haben, werden sie so leicht nicht krank. Bei einem Todesfall mit unbekannter Ursache sollte ein Tierarzt aufgesucht oder der tote Vogel an ein Institut zur genauen Untersuchung gesandt werden. Hierdurch schützt man nicht nur sich selbst und seine eigenen Vögel, sondern auch die anderen Züchter.

Erkältung. Es muß zugegeben werden, daß es für einen Laien nicht leicht ist, die eine oder die andere Krankheit zu bestimmen. Die Symptome gleichen sich meist sehr und sind in der Regel leicht festzustellen. Wenn ein Vogel zusammengekauert sitzen bleibt und den Kopf in die Federn steckt, so ist dies ein sicheres Zeichen dafür, daß er krank ist. Unglücklicherweise nehmen die Vögel bei Krankheit von sich aus meist kein Futter auf. Dies allein führt oft genug den Tod herbei. Wenn es unverkennbar ist, daß der Vogel eine Erkältung hat, setzt man ihn am besten in einen Krankenkäfig und hält ihn warm. Da Wellensittiche Kolbenhirse so sehr lieben, können sie damit noch am ehesten zum Fressen gebracht werden. Die Genesung hängt davon ab, ob der Vogel Futter zu sich nimmt. Notfalls muß man künstlich füttern (vgl. Seite 116).

Darmbeschwerden. Vögel mit Darmbeschwerden sollten völlig warm gehalten werden. Man darf ihnen kein Grünfutter oder Lebertran geben. Eine regelmäßige Zugabe von Kohle zur Hauptnahrung bringt gewöhnlich günstige Ergebnisse.

Französische Mauser. Hin und wieder hört man von „Rennern", Jungen, die das Nest mit ungenügend gewachsenen Flügel- und Schwanzfedern verlassen. Zahlreiche Theorien sind über diese krankhafte Erscheinung entwickelt worden. Bis jetzt haben die Wissenschaftler noch keine einstimmige Meinung gefunden. Einige sind geneigt, diese Eigenart als Degenerationserscheinung zu betrachten. Andere schreiben sie einer bestimmten Milbe zu. Wieder andere geben Sauerstoffmangel als Grund an. Diese französische Mauser ist etwas merkwürdig, denn nach der ersten Mauser entwickeln sich die Tiere gewöhnlich normal.

Sollte eine Milbe die Störung verursachen, würde das Besprühen mit einem für diesen Zweck geeigneten Mittel helfen. Wenn Sauerstoffmangel die Schuld zu geben ist, dürfte es auch keine Schwierigkeiten bereiten, Abhilfe zu schaffen. Falls jedoch eine Degenerationserscheinung vorliegt, sollten die Eltern nicht noch einmal verpaart werden. Es scheint mir, daß Degeneration der wahrscheinlichste Grund ist. Untersuchungen haben ergeben, daß Vögel, bei denen einmal „Renner" gefallen sind, immer wieder solche hervorbringen.

Im Jahre 1946 kam ein englisches wissenschaftliches Komitee zu dem Schluß, daß die französische Mauser einer Futtermilbe zuzuschreiben ist. Natürlich können diese und eine andere Ursache zusammenwirken, wie das so oft der Fall ist. Dr. Steiner machte eine große Anzahl von Versuchen mit „Rennern", und nach seiner Meinung bestätigte sich die Vererbung dieser

Krankheit. Offenbar kann Inzucht einen für diese Krankheit empfindlicheren Stamm erzeugen, als regelmäßig mit frischem Blut versorgte Stämme. Wenn sich einmal eine Schwäche einstellt, so reagieren die ersteren empfänglicher auf diese Krankheit als die letzteren.

Meiner Ansicht nach ist es ziemlich unwahrscheinlich, bei guter Abstammung, regelmäßiger Einkreuzung mit frischem Blut, gesunden Lebensbedingungen, Desinfektion der Volieren und Nistkästen und richtiger, ausreichender Vitamingabe mit dem Futter „Renner" zu bekommen.

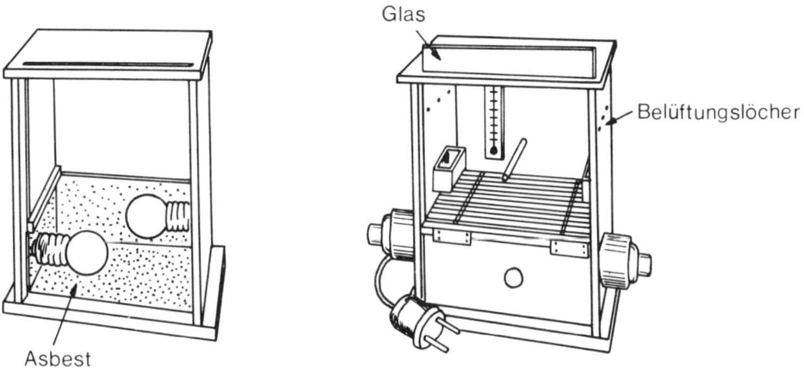

Der hier abgebildete Krankenkäfig mit sehr kleinen Abmessungen kann zu Hause gebaut werden. Die Glühbirnen können getrennt eingeschaltet werden, um die Temperatur zu regulieren. Ein Käfig mit eingebautem Thermostat, der beträchtliche Vorteile bietet, ist gewöhnlich für diesen Zweck zu teuer. Ein Thermometer ist jedoch unerläßlich. Temperaturen über 30 °C sind nur in Ausnahmefällen erlaubt. Es ist klar, daß die Sitzstange nicht über einer Glühbirne befestigt wird. Ein kranker Vogel braucht nicht viel Bewegung und bleibt meistens ruhig auf der Stange sitzen, wo er ist. Das Fenster erlaubt uns, den Vogel aus der Nähe zu beobachten. Die Belüftungslöcher sollten groß sein.

Degeneration. Da wir gerade bei Degenerationserscheinungen sind, möchte ich in aller Klarheit darauf hinweisen, daß mit Abnormitäten geborene Vögel, d. h. mit O-Beinen, vorstehendem Unterschnabel usw., getötet werden sollten. Auch auf die Eltern sollte man verzichten und keine Jungen mehr mit ihnen ziehen.

Mauser. Die echte Mauser ist an sich keine Krankheit. Ich beschreibe sie aber hier, weil der Unkundige aufgrund der äußeren Erscheinung während der Mauser oft vermutet, daß die Vögel sich in schlechter Gesundheit befinden.

Die Mauser beginnt gewöhnlich nach der Zuchtperiode und nimmt einen

unterschiedlichen Verlauf. Manchmal ist die Mauser in einigen Wochen beendet. Dann auch wieder geht sie sehr langsam vor sich und kann Monate dauern. Mausernden Vögeln sollte besondere Aufmerksamkeit geschenkt werden.
Ungewöhnliche Temperaturschwankungen können die Mauser hervorrufen. Von einer Ausstellung zurückkehrende Vögel, wo meistens höhere Temperaturen als in der Außenvoliere herrschen, beginnen oft sofort zu mausern. Die geeignetsten Monate, Wellensittiche auf eine Ausstellung zu schicken, sind September bis Dezember. Dann ist die Mauser gewöhnlich beendet, und die Vögel sind in bester Kondition. Während der Zuchtperiode, die Anfang März beginnt, wellt sich in der Regel der Schwanz der Henne durch das Brüten im Nistkasten.

Legenot ist keine außergewöhnliche Krankheit bei Wellensittichen. Wenn sie auftritt, ist immer schlechte Pflege daran schuld. Bei ausreichender Gabe von Grit und Sepiaschalen sollten Wellensittiche nicht darunter zu leiden haben. Falls im Winter die Wellensittiche trotz der Kälte brüten, kann gelegentlich Legenot vorkommen. Sobald solch ein Vogel in einen warmen Käfig gesetzt wird, erscheint das Ei in der Regel sehr schnell. Auch eine sehr junge Henne kann mit ihrem ersten Ei Schwierigkeiten haben. In diesem Fall ist der Eileiter noch nicht genügend entwickelt. Die Henne sollte dann für ein paar Monate Ruhe haben.

Taumelsucht kann gelegentlich als Folge von Legenot auftreten. Es ist eine Art Nervenstörung, die es der Henne unmöglich macht, ihren Flug zu kontrollieren. Sie stößt überall an. Selbst auf dem Boden sitzend gelingt es ihr oft nicht mehr, das Gleichgewicht zu halten. Lebertran und Kalk, unter das Futter gemischt, verhüten diese Krankheit meist. Eine an der Taumelsucht leidende Henne sollte in einen flachen warmen Käfig gesetzt werden, so daß sie nicht fliegen kann. Durch die Aufnahme von Lebertran mit dem Futter wird der Vogel oft innerhalb weniger Tage geheilt. Falls nach einer Woche bei dieser Behandlung keine Anzeichen der Besserung eingetreten sind, muß die Nervenstörung als unheilbar betrachtet werden.

Verschmutzte Füße sollten zuerst in warmem Seifenwasser eingeweicht und dann mit Watte abgetupft werden.

Schnabelschwamm oder Schuppengesicht. Die in der Wellensittichliebhaberei als Schnabelschwamm bekannte Krankheit befällt nicht nur die Nasenwachshaut, sondern auch den Schnabel, die Haut der Augenlider, die Beine und in extremen Fällen den Flügelbug. Der Schnabelschwamm erscheint gewöhnlich zuerst als kleine, rauhe, weißliche Schwellung an der Schnabelwinkelspalte. Von dort aus breitet er sich besonders auf den Schnabel selbst und möglicherweise auf den Augenlidern aus. Glücklicherweise kann diese sehr ansteckende Krankheit leicht und vollständig geheilt werden durch die Anwendung einer speziellen Salbe, die es in Zoogeschäften zu kaufen gibt. Bevor jedoch mit der Behandlung begonnen wird, müssen Sitzstangen, Futter, Trinkgefäße und die ganze Voliere gründlich desinfiziert werden. Mehrmaliges Bestreichen der kranken Stellen mit der Salbe ist erforderlich, bis die Krankheit gänzlich geheilt ist. Es kann Wochen dauern, bis die Spuren des Schnabelschwamms völlig verschwunden sind.

Fortpflanzung

Neben den speziellen Farbzüchtern oder Wellensittichzüchtern möchten viele Wellensittichfreunde selber Junge von ihren Vögeln haben. Die Herrichtung von Käfigen und Volieren für diesen Zweck haben wir behandelt und gehen jetzt davon aus, daß alles wie aus dem Ei gepellt ist, um mit der Zucht beginnen zu können.

Der erste Schritt ist, jeder Henne einen Hahn zu geben. Doch zuvor muß der Auswahl der Paare gebührende Aufmerksamkeit gewidmet werden, in der Hoffnung, daß sie sich gegenseitig mögen. Gewöhnlich ist das Weibchen mit dem für sie ausgesuchten Männchen einverstanden, besonders wenn die Vorsichtsmaßregel, jedem Paar einen separaten Käfig zu geben, getroffen ist. Gelegentlich kommt aber auch gegenseitige Ablehnung vor. Für solch einen Fall sollte man Ersatzvögel in Reserve halten. Als beste Methode hat sich die strenge Getrennthaltung von Hähnen und Hennen während der Winterpause erwiesen.

Ende Februar oder Anfang März paaren wir die Vögel an und warten auf das Ergebnis. Jedes Paar bekommt zwei Nistkästen. Die Henne wird wahrscheinlich bald beginnen, die Nistkästen zu untersuchen, und der Hahn folgt ihr in der Regel. In neun von zehn Fällen legen Wellensittichhähne Wert darauf, den Nistkasten innen und außen selbst zu inspizieren. Wenn genügend Sitzstangen vorhanden sind, um viel Möglichkeit für die Begattung zu schaffen, werden wir bald bemerken, daß die Henne nach der Begattung schnurstracks in den Nistkasten fliegt, um vom Hahn gefüttert zu werden. Tatsächlich ist es keineswegs ungewöhnlich, daß der Hahn bereits einen Tag vor der Begattung mit dem Füttern der Henne beginnt.

Das erste Ei kann nach ein paar Tagen erwartet werden, obgleich es manchmal ein paar Wochen dauert. Jetzt kontrolliert der Züchter jeden Tag den

Nistkasten, so daß er den Tag, an dem das erste Ei erscheint, notieren kann. Die anderen Eier werden in Abständen von jeweils zwei Tagen folgen, bis sechs oder sieben gelegt sind. Gewöhnlich bleibt die Henne im Nest, sobald das erste Ei gelegt ist. Der Hahn wird sie füttern, und sie verläßt das Nest nur für wenige Minuten am Tag.

Wenn man mehrere Nistkästen mit brütenden Wellensittichen hat und ein Paar ein Gelege von nur vier Eiern, hingegen ein anderes Paar acht Eier hat, sollten wir aus dem letzteren zwei in den ersteren legen. Natürlich müssen die Eier sorgfältig markiert werden (z. B. mit einem Filzschreiber), damit wir wissen, zu welchem Paar die Jungen gehören. Ein ordentlich geführtes Zuchtbuch ist eine unentbehrliche Hilfe. Solch ein Verzeichnis sagt uns, wann die Jungen aus den in einen anderen Nistkasten gelegten Eiern schlüpfen. Es liegt auf der Hand, daß wir Gelege nur ausgleichen können, wenn die Schlüpfzeiten der Nester übereinstimmen.

Der Zuchtkalender, den eine holländische Samenhandlung einmal ihren Kunden sandte, ist eine sehr bequeme Hilfe in dieser Hinsicht. Er hatte Spalten für die Käfignummer, die Ringnummer des Hahnes und der Henne. In ihm wurde ferner der Tag notiert, an dem die Henne zu sitzen begann, der Schlüpftag der Jungen, die Zahl der Eier und schließlich die Zahl der befruchteten und unbefruchteten Eier. Ein einfaches Notizbuch kann diesen Zweck jedoch auch erfüllen. Die Seiten können wie folgt eingeteilt werden:

Hahn Farbe und Ring-Nr.	Henne Farbe und Ring-Nr.	Erstes Ei gelegt	Zahl der Eier	Zahl der Jungen	Jungvögel	
					Ring-Nr.	Geschlecht und Farbe
ohb/alb 005–64	oma 018–63	6. 3. 1965	5	4	001–65	1,0
					002–65	0,1
					004–65	1,0
					005–65	0,1

Dies heißt dann wie folgt: „Hahn Opalin-Himmelblau spalterbig in Albino, geboren 1964, Ring-Nr. 5, mit Henne Opalin-Mauve, geboren 1963, Ring-Nr. 18. Erstes Ei gelegt am 6. März 1965, Zahl der Eier: 5, geschlüpft : 5, d. h. 2 Hähne mit Ring-Nr. 1 und 4, sowie 2 Hennen mit Ring-Nr. 2 und 5, der Vogel mit der Ring-Nr. 3 ist gestorben.“ Geschlecht und Farbe der Jungvögel lassen sich in den meisten Fällen erst nach vier bis sechs Wochen eintragen.

Solche tabellarischen Aufzeichnungen ermöglichen uns, den Stammbaum eines jeden Vogels in unserer Voliere nachzuweisen. Wenn es erwünscht ist, können in einer weiteren Spalte die aus dieser Verpaarung hervorgegangenen Farben notiert werden. In dem obigen Beispiel würde dies theoretisch bedeuten: Himmelblau × Mauve ergibt 100% Kobalt. Opalin × Opalin ergibt 100 % Opalin. Folglich sind alle kobaltfarbenen Vögel auch Opaline. Da der Hahn jedoch spalterbig in Albino ist, können 50 % der Junghennen Albinos sein. Die Hähne sehen im Erscheinungsbild alle gleich aus, die Hälfte von ihnen ist aber wiederum spalterbig in Albino. Da das Erscheinungsbild der Vögel gar keinen Hinweis auf diese Eigenschaft gibt, kann nur durch Versuchsverpaarungen herausgefunden werden, welche Hähne tatsächlich spalterbig in Albino sind und welche nicht. Wir müssen uns hierbei noch die Tatsache vor Augen halten, daß die Berechnung des Prozentsatzes von 100 Jungen ausgeht. Daher ist es durchaus möglich, lediglich im ersten Gelege äußerlich absolut gleiche Jungvögel, hingegen im zweiten Gelege zwei oder drei Albinohennen zu erhalten. Nun ist der Albino-Faktor geschlechtsgebunden, d. h. unter Jungvögeln von einem Albino-Hahn sind nur Hennen im Erscheinungsbild Albinos. Hennen können nicht spalterbig in dieser Eigenschaft sein, da sie nur ein Geschlechtschromosom überhaupt besitzen, an das der Albino-Faktor gebunden werden kann.

Wenn wir in einem Nest Albinos oder Lutinos finden, jedoch kein Elternteil Albino oder Lutino ist, müssen die jungen Albinos oder Lutinos Hennen sein!

Dies ist ein Beispiel zu den Themen, die im zweiten Teil des Buches behandelt werden.

Das Führen eines solchen Zuchtverzeichnisses erfordert nicht viel Zeit. Es ist unentbehrlich für diejenigen, die sorgfältig systematische Farbenzucht betreiben wollen. Für jeden, der z. B. einen reinrassigen Stamm aufbauen möchte, ist ein ordentlich geführtes Zuchtverzeichnis der beste Ausgangspunkt. Hierbei wird auch deutlich, daß separate Zuchtkäfige die einzige Möglichkeit sind, um die Jungvögel einzeln zu verzeichnen. Auch ist der obenerwähnte Trick, Nester auszugleichen, indem ein einzelnes Ei einem anderen Gelege beigelegt wird, nicht empfehlenswert, wenn wir das Ei nicht sorgfältig markieren oder den genauen Schlüpftag wissen. Wenn diese Voraussetzungen fehlen, ist Verwechslung die Folge, und das Ergebnis sagt uns gar nichts.

Es gibt jedoch eine Ausnahme von dieser Regel. Wenn man weiß, daß die Jungen aus einer Verpaarung mit Sicherheit z. B. aus Blauen oder Lutinos bestehen, können wir immer ein Ei dazulegen, aus dem beispielsweise Grüne

oder Gelbe schlüpfen. In diesem Fall sagt uns die Farbe der Jungen, welche Vögel ins Nest gehören und welche Pflegekinder sind.
Die Beschreibung der verschiedenen Arten von Nistkästen ist an anderer Stelle wiedergegeben.
Man muß immer bedenken, daß Wellensittichhähne keine Musterknaben der Sittsamkeit oder ehelicher Treue sind. Einige Züchter werden versuchen, die Paare aneinander zu gewöhnen, bevor sie z. B. zwei Paare in einen Käfig

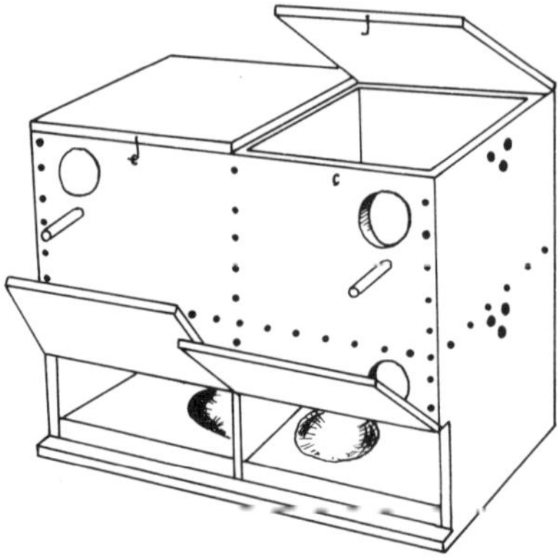

Doppelnistkasten

zum Brüten ansetzen. Trotzdem kann man nie mit Sicherheit sagen, daß die Jungen zu den angepaarten Vögeln gehören. Sehr oft beherrscht ein Hahn den anderen und hindert die Verpaarung.
Ein Farbenzüchter wird nie zwei Paare in einen Käfig setzen.
Dennoch ziehen einige Züchter es vor, mehrere Vögel in einer großen Voliere brüten zu lassen. Wenn alle diese Vögel reinerbig sind, z. B. Lutinos, Grüne, Blaue oder Gelbe, ist hiergegen nichts einzuwenden, denn die Jungen sind wieder alle Lutinos, Grüne, Blaue oder Gelbe! In solch einem Fall ist das Führen eines Zuchtverzeichnisses nicht von Bedeutung.
Wenn jemand unbedingt alle Farben gemeinsam brüten lassen möchte, kann das Ergebnis außerordentlich strahlend und farbenfreudig ausfallen. Es folgt jedoch ein eindeutiges Abfallen der Zuchtqualität bei dieser Methode, da die Erbfaktoren der Jungen dann hoffnungslos vermischt sind. Die Erfahrung hat gezeigt, daß die Farben solcher Jungvögel allmählich ihre Tiefe und Frische verlieren und dominante Farben vorherrschen. Der einzige Weg, wertvolle und bleibende Ergebnisse zu erzielen, ist methodisches Verpaaren und sorgfältige Auswahl.

Jeder, der systematisch züchten möchte, kann unter zwei möglichen Alternativen wählen. Entweder kann er Vögel mit bekannter Abstammung von einem erfahrenen Farbenzüchter kaufen, oder er kann mit mehreren Paaren beginnen, die er auf einer Schau oder bei einem Händler gekauft hat, nachdem er die Tabellen für Farbenvererbung im zweiten Teil dieses Buches zu Rate gezogen hat. So kann er die besten Kombinationen feststellen, die er auswählen sollte, um sich selbst innerhalb kurzer Zeit einen rein gezüchteten Stamm aufzubauen. Die letztere Möglichkeit wird sicherlich etwas mehr Zeit erfordern, doch kann niemand abstreiten, daß hier der Gedanke Anziehungskraft verleiht, sich einen Stamm von Anbeginn an aufzubauen. Jedoch sollte man seine ganze Aufmerksamkeit auf jedes wichtige Detail wie Typ, Zahl der Kehltupfen, Form des Kopfes, Haltung der Flügel und natürlich die Farbe verwenden. Heutzutage werden so viele mehr oder weniger undefinierbare Vögel zum Verkauf angeboten, daß einem, ohne ein richtiges Modell vor Augen zu haben, die Wahl schwerer gemacht wird.
Einem Wellensittich kann man in der Regel sein Alter nicht ansehen. Dennoch ist das Alter sehr wichtig. Gewöhnlich tragen die Vögel von Farbenzüchtern Ringe mit Angabe des Geburtsjahres. Für den Fall, daß man bei einem Händler kauft, sollte man am besten Jungtiere auswählen, d. h. Vögel, die noch nicht den gelb-weißen Augenring zeigen. Die Augen junger Vögel sind schwarz. Sehr alte Vögel können an der Nasenwachshaut erkannt werden, die mit zunehmendem Alter dunkler und schuppig wird. Erstaunlich ist, daß sich die normalerweise leuchtend blauen Nasenwachshäute bei alten Hähnen braun färben wie bei den Hennen. In diesem Fall ist das ein sicheres Zeichen dafür, daß die Geschlechtsorgane ihre Funktion eingestellt haben.
Es ist keinesfalls ungewöhnlich, daß das erste Gelege einige „klare" Eier enthält. Wenn dies eintritt, ist es möglich, daß die Begattung zu spät stattfand. Unter solchen Umständen können manchmal nur zwei Junge in einem Nest liegen, hingegen kann das Nachbarnest sechs oder sieben des gleichen Alters zählen. Hier ist es absolut richtig, daß der Züchter die Gelege ausgleicht, indem er einige Junge des überfüllten Nestes in das schwach besetzte umlegt. Man sollte dies natürlich erst dann vornehmen, nachdem die Jungen beringt sind, da es sonst unmöglich ist, sie zu unterscheiden. Von großer Hilfe ist es dabei, wenn für die einzelnen Wellensittichpaare verschiedenfarbige Ringe verwendet werden. Dann erhalten die Jungen eines jeden Paares die gleiche Ringfarbe. Der Metallring, der die Züchternummer, Jahreszahl und laufende Nummer trägt, kann über das andere Bein gezogen werden. Am besten ist es, den Jungen den Ring im Alter von etwa fünf Tagen überzuziehen. Der Ring

wird zuerst über die beiden Vorderzehen gelegt, dann über den Fußballen und die beiden rückwärtigen Zehen geschoben. Hierbei kann der Vogel nicht verletzt werden.
Wenn die Nistkästen regelmäßig kontrolliert werden und im Zuchtbuch der Tag notiert ist, an dem das erste Ei gelegt wurde, können wir leicht ausrechnen, wann die Jungen schlüpfen und beringt werden müssen. Für Vermerke dieser Daten sollte an jedem Käfig eine Karte befestigt sein.
Hennen können manchmal sehr streitsüchtig sein. Das kann gefährlich werden, wenn mehr als eine Henne oder mehr als ein Paar denselben Käfig teilen. In solch einem Fall versucht eine Henne vielleicht, in einen Nistkasten mit Gewalt einzudringen, in dem eine andere Henne ruhig brütet. Die Hähne beteiligen sich dabei nicht im mindesten an den weiblichen Streitereien, die gewöhnlich in einem Kampf und oft mit gebrochenen Zehen enden. Meistens wird die brütende Henne von der Angreiferin aus dem Nistkasten gezerrt. Es liegt auf der Hand, daß auch Eier während solcher Streitereien zerstört werden. Falls die Angreiferin das Nest erfolgreich in Besitz nehmen kann, wird sie alle Eier hinauswerfen.
Als einzige Abhilfe gilt hier, die streitsüchtige Henne mit oder ohne den Hahn in einen anderen Käfig zu setzen. Dies ist ein weiterer Grund, weshalb der Züchter seinen Vögeln hin und wieder einen beschaulichen Besuch abstatten sollte. Er sollte nie versäumen, auf die Nistkästen und ihren Inhalt ein wachsames Auge zu werfen.
Es besteht ein beträchtlicher Meinungsunterschied darüber, wann das beste Zuchtalter für einen Wellensittich beginnt. Wenn ein Züchter früh geborene Jungtiere am Ende der Saison brüten läßt, ist das bestimmt nicht ratsam. Ich mußte dies selbst einmal versuchen, als ich mich bemühte, mir über bestimmte Vererbungsvorgänge Klarheit zu verschaffen, und nicht noch ein weiteres Jahr warten wollte. Ich muß zugeben, daß das Ergebnis schlecht war. Die beiden Gelege bestanden aus nur drei bzw. vier Eiern, und nur zwei bzw. drei Junge wuchsen auf. So erhielt ich nicht die Ergebnisse, die ich so dringend benötigte. Zuchtresultate erzielte ich erst in der zweiten Brut, nachdem die Vögel älter als acht Monate waren. Wellensittiche, die im April oder Mai geboren sind, können nicht vor dem folgenden Februar oder März zur Zucht angesetzt werden. Wenn möglich, sollte die Henne ein paar Monate älter sein als der Hahn. Vögel, die erst im August oder September geboren sind, sollten nicht vor Juni des folgenden Jahres züchten und dann nur eine Brut machen. Obgleich die Vögel mit sechs Monaten voll ausgewachsen sind, ist es naturwidrig, wenn sie in diesem Alter schon brüten.

Nachdem eine Henne ihr erstes Ei gelegt hat, beginnt sie gewöhnlich gleich zu sitzen. Manchmal wartet sie jedoch bis zum zweiten Ei. Deswegen benötigen einige Eier 20 Tage bevor ein Jungvogel schlüpft, während andere lediglich 18 Tage erfordern. Letztere sind die Brutzeit, gerechnet von dem Tage, an dem die Henne zu sitzen begann. Während dieser ganzen Zeit wird die brütende Henne von dem Hahn gefüttert. Nachdem die Jungen geschlüpft sind, füttert die Henne zuerst allein. Der Hahn füttert wieder, sobald die Jungen Federn bekommen. Wenn nach 28 bis 30 Tagen die Jungen ausfliegen, füttern Henne und Hahn sie noch einige Zeit weiter. Durch einen ähnlichen Prozeß, der im Kropf einer brütenden Taube vor sich geht, bildet sich während der ersten Tage die sogenannte Kropfmilch im Kropf der Wellensittich-Henne. Diese ist die erste Nahrung für die Jungen. Danach wird das vom Hahn in den Schnabel der Henne gewürgte Futter in ihrem Kropf mit verschiedenen Säften gemischt, um es für die Verdauungsorgane der Jungen aufzubreiten.
Dr. G. W. Buttner führte eine spezielle Studie über diesen Vorgang durch, der von größter Wichtigkeit in der Ernährung des Wellensittichs ist. Nach Buttner kann die Milch des Wellensittichs, d. h. die Kropfmilch mit Sämereien, nicht die richtige Konsistenz erreichen, wenn die Eltern nicht das geeignete Futter erhalten. Die Jungen werden sich dann schlecht entwickeln.
Nicht jede Henne schätzt ein sauberes Zuhause. Einige halten den Nistkasten und die Nestlinge wunderbar sauber, doch die Mehrzahl ist damit einverstanden, daß die Familie sich im Kot wälzt. Wenn das vorkommt, müssen wir eingreifen und den Nistkasten säubern.
Es ist nicht ungewöhnlich, daß ein Junges stirbt und die Henne es einfach dort beläßt, wo es liegt, so daß die anderen Jungen auf ihm sitzen. Wenn solch ein winziger Körper vertrocknet, wird nicht viel Schaden angerichtet. Stirbt jedoch ein etwas herangewachsener Jungvogel, so kann im Nest ein verheerendes Durcheinander entstehen. Darum sollten wir mit der Nestkontrolle auch fortfahren, nachdem die Jungen geschlüpft sind. Wenn nötig, sollten wir die Nistkästen sowie die Füße der Jungen säubern. Immer müssen wir unsere Augen für Abnormitäten, Mißgestaltungen, etc. offen halten. Insbesondere die Zehen müssen vorsichtig gesäubert werden, da jede Nachlässigkeit dazu führt, daß der Kot verhärtet und sich dann nur sehr schwer entfernen läßt. Die Folge davon ist das Risiko einer verletzten Zehe oder Kralle, wenn diese Arbeit bis zum Ausfliegen der Jungen hinausgeschoben wird. Die Kralle wächst dann nicht wieder nach.
Gelegentlich hört man Klagen über schlecht schlüpfende Junge und

Austrocknen der Eier einige Tage vor dem Schlüpfen. Solche Schwierigkeiten werden durch großen Luftfeuchtigkeitsmangel im Zuchtraum verursacht. Derartige Unglücksfälle kommen häufig in stickigen Wohnräumen oder Volieren vor, in denen die Nistkästen in der Sonnenlichtzone angebracht sind oder an einer Holzwand, deren Rückseite den ganzen Tag über der grellen Sonne ausgesetzt ist. Um das Austrocknen der Eier zu verhüten, müssen wir die Nistkästen an einem schattigeren Platz aufhängen oder in der Nähe eines zu öffnenden Wohnzimmerfensters, so daß feuchte Luft von draußen eindringen kann. Daher ist es immer am besten für die Wellensittiche, die Zucht an der frischen Luft einzurichten, d. h. die Nistkästen unter dem überdachten Teil der Außenflüge anzubringen. Wenn man vor Schwierigkeiten dieser Art steht, ist ein Wechsel der Zuchtbedingungen immer die klarste Lösung. Ist dies nicht durchführbar, so sollten die Eier in lauwarmes Wasser getaucht oder damit besprüht werden.

Wenn Feuchtigkeitsmangel nicht die Schuld trägt, ist die Ursache wahrscheinlich ein Mangel an Lebenskraft der Jungen selbst, und man sollte auf die Eltern verzichten. Ich selbst habe nie ausgetrocknete Eier von Wellensittichen gehabt, wohl aber bei anderen tropischen Vögeln, jedoch nur im Vogelhaus. Wellensittiche, welche die meiste Zeit in einer Außenvoliere fliegen und ihre Nistkästen draußen haben, legen keine schlecht schlüpfenden Eier. Wir müssen dabei jedoch auf Ungeziefer achten. Die Vögel sowie auch die Nistkästen müssen von dieser Plage freigehalten werden. Mit Hilfe der verfügbaren Desinfektionsmittel für diesen Zweck ist die Arbeit leicht getan.

Einige Züchter ziehen es vor, die ersten beiden Eier solange herauszunehmen, bis das dritte Ei gelegt ist. Durch diese Maßnahme versuchen sie den Altersunterschied der Jungen zu vermindern. Nach meiner Erfahrung besteht hierfür nicht der geringste Grund, solange das Gelege sechs Eier nicht überschreitet. Allen nach dem sechsten Ei gelegten Eiern sollte auf keinen Fall Gelegenheit zum Schlüpfen gegeben werden. In einem Nest mit sechs Jungen überschreitet der Altersunterschied gewöhnlich nicht zehn Tage. Dies wird überhaupt keine Schwierigkeiten bereiten. In der Natur besteht das Durchschnittsgelege aus 4–5 Eiern. Wenn uns sechs Junge in einem Nest zu viel sind, können wir immer ein Junges in einen anderen Nistkasten mit nur drei oder vier umlegen. In der Zuchtsaison besteht gewöhnlich keine Knappheit an Nistkästen mit kleinen Gelegen.

Wellensittiche sind bewundernswerte Pflegeeltern. Sie verweigern selten die Annahme eines Jungen aus einem anderen Nest. Natürlich sollte das Pflegejunge beringt sein, so daß wir es von den übrigen Jungen unterscheiden können. Ich legte wiederholt ein ganzes Nest von Jungen in einen anderen Nistkasten um. Manchmal waren sie schon 10 Tage alt, und es lagen nur Eier in dem betreffenden Nest, die aber nicht mehr lange bebrütet werden mußten. Die brütende Henne war sofort bereit, die Jungen aufzuziehen, als sie diese in ihrem eigenen Nistkasten anstelle der Eier vorfand. Das Unternehmen wäre nie geglückt, wenn ich die Eier mitsamt dem Nistkasten ausgetauscht hätte. Tatsächlich vertauschte ich einmal einen Nistkasten mit halbausgebrüteten Eiern gegen einen anderen, der auch vier Eier enthielt, in der Hoffnung, daß die Henne, die gerade zu sitzen begonnen hatte, die angebrüteten Eier ausbrüten würde. Zuerst weigerte sie sich, in den ihr fremden Nistkasten zu gehen. Nach einigen Tagen entschloß sie sich jedoch, ihn anzunehmen, aber sie warf die angebrüteten Eier hinaus und legte ihr eigenes Gelege. Wenn ich nur die Eier in den Nistkasten gelegt hätte, von dem sie bereits Besitz ergriffen hatte, wäre vielleicht alles gut gegangen.

Gelegentlich beginnt eine Henne ihr zweites Gelege zu legen, während die Jungen der ersten Runde noch im Nistkasten sind. Das ist unangenehm, da die Eier in der Regel sehr beschmutzt werden. In diesem Falle legt man die Jungen in einen anderen Nistkasten, der sofort neben dem ersten angebracht wird. Der Hahn wird mit ziemlicher Sicherheit die Jungen aus dem ersten Nest weiterfüttern, während die Henne ihre ganze Aufmerksamkeit dem zweiten Gelege widmen kann. Sie wird damit beginnen, den Nistkasten gründlich zu säubern und ihre erste Brut augenblicklich vergessen.

Dieselbe Methode bewährt sich ebenfalls gut, wenn die Henne zu rupfen oder Federn abzubeißen beginnt, sobald die Jungen sich befiedern. Dies kann zu einem Dauerschaden führen, weil sich das Gefieder oftmals nicht wieder normal entwickelt, nicht einmal nach der Mauser. Da Federnrupfen eine Erbanlage zu sein scheint, rate ich entschieden zum Ausschluß solcher Hennen und ihrer Jungen von der Weiterzucht.

Dies gilt auch für Vögel mit anderen schlechten erblichen Eigenschaften, die wir in unserem Stamm nicht vervielfältigen wollen, wie z. B. Vögel, die ihre Jungen töten oder Vögel mit Mißbildungen, die nicht durch Verletzungen entstanden. Selbst Junge, die bestimmte Mängel im Typ zeigen, sollten nicht behalten werden, wenn wir schöne Vögel züchten wollen. Wir sollten nur Junge behalten, die in Typ und Farbe den Eltern zumindest gleich, möglichst aber besser sind. Alle Vögel unterscheiden sich voneinander nicht nur in der Farbe und in der Zeichnung, sondern auch in Größe, Flügelhaltung, Augenabstand und Kopfform. Der Leser sollte sie mit der Abbildung des Ideal-Wellensittichs (s. Seite 16) vergleichen. Es gibt wirklich einen Überfluß an minderwertigen Vögeln als Produkte unüberlegten Züchtens. Sie werden zu angemessenen Preisen angeboten, um der steten Nachfrage gerecht zu werden. Trotzdem wird immer ein Bedarf an wirklich guten Vögeln vorhanden sein.

Obgleich Wellensittiche das ganze Jahr über brüten würden, ist es ratsam, den Bruttrieb auf die günstigste Zeit zu beschränken, d. h. zwischen Anfang März und Ende September. Während der Wintermonate, wenn sie mausern, sollten wir ihnen eine Erholungszeit geben. Hähne und Hennen halten wir dann am besten getrennt und geben ihnen viel Gelegenheit zum Umherfliegen und zum Sammeln neuer Kräfte. Ältere Wellensittiche können den ganzen Winter über in Außenflügen gehalten werden, wenn wir einen ausreichenden Schutzraum für die Nacht schaffen. In diesen Schutzraum stellt man das Trinkwasser und das Futter. Die Vögel werden dann von selbst für die Nacht darin Unterschlupf suchen. Während des Tages fliegen sie in der Regel nach draußen, ganz gleich, wie kalt das Wetter auch sein mag.

Ich rate dringend, mit jedem Wellensittichpaar nicht mehr als zwei Zuchten in einer Saison zu machen. Drei oder sogar vier Gelege nacheinander sind zu anstrengend für eine Henne. Nach der zweiten Brut sollte die Zuchtperiode durch Entfernen des Nistkastens beendet werden.

An anderer Stelle dieses Buches habe ich auf die Vorteile der Pappnistkästen mit ausgehöhltem, hölzernen Boden hingewiesen. Am Ende der Zuchtsaison werden solche Nistkästen verbrannt. Die hölzernen Böden können nach Desinfizierung in der nächsten Saison wiederverwendet werden.

Viele Züchter vergessen leicht, daß die Zuchtsaison auch für den Hahn eine erhebliche Anstrengung bedeutet. Der Hahn füttert die Henne während der Brut, und meistens versorgt er auch die Jungen. Gelegentlich stirbt ein Hahn an völliger Erschöpfung. Aus diesem Grunde sollte das Gelege auf höchstens sechs Eier beschränkt werden. Es ist klar, daß ein Nest mit vier oder fünf Jungen besser gedeiht als eines mit sieben oder gar acht. Gut ernährte Nestlinge werden widerstandsfähigere Vögel und entwickeln sich besser.

Einige Wochen nachdem die Jungen den Nistkasten verlassen haben und zu fliegen beginnen, werden sie in eine besondere Trainingsvoliere gesetzt, in der sie entsprechende Entwicklungsmöglichkeiten haben. Ein so lebendiger Vogel wie der Wellensittich benötigt viel Platz zum Fliegen. Hierdurch entfaltet er seine ganze Lebenskraft und Schönheit. In solch einer Trainingsvoliere für Jungvögel sind Nistkästen natürlich verboten.

Am Ende der Saison werden die Vögel in Klassen eingeteilt. Wir wählen sorgfältig die Vögel aus, mit denen wir unseren Stamm aufbauen wollen.

Wenn wir besondere Tiere auf einer Schau auszustellen beabsichtigen, werden diese getrennt von den anderen in einen geräumigen Käfig gesetzt. Vögel, die in einer Voliere aufgewachsen sind, benötigen einige Zeit, bis sie sich an den Käfig gewöhnt haben.

Wellensittiche auf Ausstellungen

Mancher Züchter möchte gern hin und wieder ein Urteil über seine Vögel haben. Wenn er Mitglied eines Vereins oder eines nationalen Verbandes mit Ortsgruppen ist, hat er Gelegenheit, seine Vögel entweder auf einer Ortsschau, Landesschau oder großen nationalen Schau richten zu lassen.
Hierfür wird jeder Vogelzüchterverein einen anerkannten Preisrichter anfordern, der die Vögel nach dem Standard richtet. Für das Richten von Schauwellensittichen werden besondere Preisrichter mit großer Erfahrung und nachgewiesener praktischer Tätigkeit verpflichtet, die unser Vertrauen verdienen.
Jeder, dessen Ziel es ist, sich einen Wellensittichstamm in einer oder mehreren bestimmten Farben aufzubauen und der etwas erreichen möchte, muß wissen, ob seine Vögel einer Kritik standhalten und ob sein Zuchtmaterial Erfolg verspricht. Wenn seine Vögel nicht gut genug sind, kann er sich noch zur rechten Zeit bessere anschaffen. Ausstellungen ermöglichen es dem Züchter, seinen Bestand um einen oder mehrere gute Vögel zu ergänzen.
Abgesehen von den Möglichkeiten, seine Vögel bewerten zu lassen, erhält man als Mitglied eines nationalen Verbandes in der Regel eine Fachzeitschrift, die viele brauchbare Ratschläge für unsere Liebhaberei enthält. Außerdem sind die Vorträge und Besichtigungsreisen, die von den meisten Vereinen veranstaltet werden, oft von großer Wichtigkeit. Hinzu kommt noch, daß die Vereine ihre Mitglieder jedes Jahr mit Ringen versorgen und jedes Mitglied seine eigene Züchternummer hat. Es ist wohl kaum nötig, auf die Bedeutung dieser vielen Betätigungen einzugehen.
Dank der methodischen Arbeit der Vereine ist der Unsicherheitsfaktor hinsichtlich Alter und Züchter der Vögel auf Ausstellungen und der dort zum Verkauf angebotenen Vögel heute sehr gering.

Bewertung

In England ist die Wellensittichhaltung eine Art nationales Hobby geworden. Zwischen 2000 und 3000 Schauwellensittiche allein werden jedes Jahr zur nationalen Ausstellung in London geschickt, die von „Cage und Aviary Birds“ organisiert wird. Mit einer Gesamtzahl von mehr als 6000 verschie-

Abstufung der Punkte Merke: Kondition ist wesentlich	Größe, Haltung Flügelstellung, Typ	Größe und Form des Kopfes	Farbe	Maske und Kehltupfen	Zeichnung
Grün (Hell, Dunkel oder Oliv)	45	20	15	15	5
Graugrün (Hell, Mittel oder Dunkel)	45	20	15	15	5
Gelb (einschl. Opalin-Gelb, aber ausschl. Lutino)	45	20	35	–	–
Olivgelb (einschl. Zimt-Olivgelb)	45	20	35	–	–
Himmelblau, Kobalt, Mauve oder Violett	45	20	15	15	5
Grau (Hell, Mittel oder Dunkel)	45	20	15	15	5
Weiß (mit leichtem Anflug einschl. Opalin-Weiß, aber ausschl. Albino)	45	20	[1]35	–	–
Weißflügel und Weiß (mit starkem Anflug)	45	20	[1]35	–	–
Gelbflügel (Hell-, Dunkel-, Oliv- oder Graugrün)	45	20	[1]35	–	–
Grauflügel (Hell-, Dunkel-, Oliv- oder Graugrün)	45	20	10	10	15
Grauflügel (Himmelblau, Kobalt, Mauve, Violett oder Grau)	45	20	10	10	15
Zimt (Hell-, Dunkel-, Oliv- oder Graugrün)	45	20	10	10	15
Zimt (Himmelblau, Kobalt, Mauve, Violett oder Grau)	45	20	10	10	15
Falb (Hell-, Dunkel-, Oliv- oder Graugrün)	45	20	15	15	5
Falb (Himmelblau, Kobalt, Mauve, Violett oder Grau)	45	20	15	15	5
Lutino	45	20	35	–	–
Albino	45	20	35	–	–
Opalin (Hell-, Dunkel-, Oliv- oder Graugrün)	45	20	[2]20	10	5
Opalin (Himmelblau, Kobalt, Mauve, Violett oder Grau)	45	20	[2]20	10	5
Opalin-Zimt (Hell-, Dunkel-, Oliv- oder Graugrün)	45	20	[2]20	10	5

Abstufung der Punkte Merke Kondition ist wesentlich	Größe, Haltung Flügelstellung, Typ	Größe und Form des Kopfes	Farbe	Maske und Kehltupfen	Zeichnung
Opalin-Zimt (Himmelblau, Kobalt, Mauve, Violett oder Grau)	45	20	[2]20	10	5
Opalin-Grauflügel (Hell-, Dunkel-, Oliv- oder Graugrün)	45	20	[2]20	10	5
Opalin-Grauflügel (Himmelblau, Kobalt, Mauve, Violett oder Grau)	45	20	[2]20	10	5
Gelbgesicht (alle Variationen der Blaureihe, ausgenommen Schecken)	45	20	15	15	5
Schecken (rezessive Variationen)	45	20	[3]20	–	15
Schecken (Gelbschwingen und Weißschwingen)	35	20	10	10	[4]25
Schecken (dominante Variationen)	35	20	[3]25	10	[3]10
Gelbe oder Weiße mit schwarzen Augen	45	20	35	–	–

[1] für Farbtiefe und Reinheit der Flügel gegebene Punkte
[2] einschl. sauberem Mantel
[3] einschl. Kontrast der Vielfarbigkeit
[4] einschl. heller Schwingen und hellem Schwanz

6er-Kollektionen einer Farbe oder 4er-Kollektion einer Farbe
Punkte: allgemeine Bewertung 50, Einheitlichkeit 50.

denen Vögeln, die dort 1971 gezeigt wurden, entspricht diese Vogelschau in ihrer Art der Bundesschau der Austauschzentrale der Vogelliebhaber und Züchter Deutschlands e. V. (abgekürzt: AZ), auf der im selben Jahr ebenfalls neben anderen Vögeln wie Kanarien, Prachtfinken und Großsittichen mehr als 1100 Wellensittiche ausgestellt wurden. Die größte Wellensittichschau überhaupt ist die „Club Show“ der englischen Budgerigar Society, die alljährlich im November in Leicester veranstaltet wird. Auf dieser reinen Wellensittichschau wurden 1971 mehr als 4000 Schauwellensittiche gezeigt. Die Mitgliederzahl der englischen Wellensittich-Vereinigung und die der deutschen AZ übersteigt jeweils mehrere Tausend. Es gibt keinen Zweifel, daß die Wellensittichliebhaberei hierüber hinaus Zehntausende von begeisterten Anhängern hat. Als ein Ergebnis dieser Begeisterung ist die Schaffung eines

Standards, aufgrund dessen Wellensittiche in ihren verschiedenen Farben gerichtet werden können, in England weiter fortgeschritten als sonstwo auf der Welt. Die AZ hat sich vor einiger Zeit dem heute gültigen Idealwellensittich von 1968 angeschlossen.

Ein Kennzeichen dieses Standards ist die bessere Punktabstufung. Die Hauptschwierigkeit in der Aufstellung eines Bewertungsmaßstabes liegt in der Schaffung eines Standards, der alle standardisierten Farben und Farbvariationen enthält. Mit diesem festgelegten Standard können wir dann eine Abstufung der Punkte für die verschiedenen Farbschläge entwickeln, indem wir die besonderen Eigenarten einiger Varietäten berücksichtigen. Dies erfordert, daß eine bestimmte Qualität bei einer Art sehr hoch bewertet wird, während sie bei einer anderen völlig fehlt. Die Kehltupfen sind beispielsweise in mehreren Varietäten verschwunden. Sogar die Wellenzeichnung, die dem Wellensittich seinen naturwissenschaftlichen Namen gab, fehlt ganz in mehreren Farbklassen.

Zweifellos ist der beste vorhandene Standard der britische, der auf Seite 106 und 107 wiedergegeben wird.

Solch eine Abstufung der Punkte stellt natürlich höhere Anforderungen an die Preisrichter, aber sie befriedigt auch mehr. Hierdurch wird den Züchtern ermöglicht, ihren Stamm ruhig aufzubauen ohne Gefahr zu laufen, daß ihre Vögel aufgrund einer primitiven Punktabstufung inkorrekt und unnötig niedrig bewertet werden.

Die Hauptarbeit liegt in der Schaffung einer Standardbeschreibung für jede Varietät. Abweichungen davon sollten verboten sein. Vögel, die nicht unter diese Beschreibungen fallen, müssen vom Richten ausgeschlossen oder sollten behelfsmäßig in einer allgemeinen Klasse zugelassen werden. Zweifellos sollte diese allgemeine Klasse auch neue Varietäten umfassen, die in der Zukunft standardisiert werden könnten.

Diese Punktabstufung zeigt, daß bestimmte Vögel für Farbe sehr hohe Punktzahlen erhalten, hingegen Flügelzeichnung und Kehltupfen manchmal überhaupt fehlen. Normale gelbe Vögel zeigen gewöhnlich einen grünen, normale weiße Vögel einen blauen Überhauch. Es ist sehr schwer, Gelbe oder Weiße ganz ohne diesen Überhauch zu züchten. Aus diesem Grund wird bei solchen Vögeln die Farbe so hoch bewertet.

In erster Linie ist es von ausschlaggebender Bedeutung, eine endgültige Übereinstimmung in der Frage zu erzielen, wie ein Vogel aussehen soll, um die Anforderungen der Klasse zu erfüllen, die bei seiner Bezeichnung angegeben worden ist. Es dürfte aber nicht schwierig sein, für eine besondere Zusammenkunft von Preisrichtern zu diesem Zweck für jede Klasse einen Mustervogel, lebend oder präpariert, zu beschaffen. Unter Berücksichtigung dieser Erfordernisse enthält dieses Buch zahlreiche farbige Abbildungen verschiedener Wellensittiche. Die Illustrationen gehen alle von dem Idealvogel und seiner korrekten Haltung aus, obgleich dies gelegentlich den Eindruck erweckt, daß die Vögel etwas steif aussehen, weil nur bestimmte Körperhaltungen für die Abbildungen geeignet sind.

Der Standard des englischen Wellensittich-Verbandes sieht den idealen Wellensittich wie folgt vor:

Kondition ist wesentlich. Wenn ein Vogel nicht in Kondition ist, sollte er nie für einen Wettbewerb in Betracht gezogen werden.

Typ: Sich anmutig verjüngend vom Nacken zur Schwanzspitze, mit einer annähernd geraden Rückenlinie und einer ziemlich tiefen, schön vorgewölbten Brust.

Länge: Die ideale Länge ist 21,6 cm vom Scheitel bis zur Schwanzspitze. Schöne kräftige Flügel, genau über dem Bürzel getragen und nicht gekreuzt. Die ideale Flügellänge beträgt 9,5 cm vom Bug bis zur längsten Handschwinge. Der Flügel muß sieben voll ausgewachsene, nicht zerbrochene Handschwingen aufweisen. *Ein Vogel mit „Langflügeleigenschaft" sollte nie für einen Wettbewerb ausgewählt werden.*

Kopf: Groß, rund, breit und in jeder Weise symmetrisch. Kopfwölbung von der Nasenhaut beginnend, nach außen und oben ansteigend, über den Scheitel bis zum Nacken in einem anmutig geschwungenen Bogen verlaufend.

Schnabel: Gut im Gesicht eingezogen.

Augen: Ausdrucksvoll und klar, in gutem Abstand von Stirn, Scheitel und Hinterkopf.

Hals: Kurz und breit von den Seiten und von vorn aus gesehen.

Flügel: Annähernd $^2/_5$ der gesamten Länge des Wellensittichs, gut anliegend, genau über dem Bürzel getragen und nicht gekreuzt.

Schwanz: Gerade, dicht zusammenliegend mit zwei langen Schwanzfedern.

Haltung: Sicher, natürlich und ohne Furcht auf einer Stange unter einem Winkel von 30° gegenüber der Senkrechten sitzend.

Maske und Kehltupfen: Klare, tiefe und breite Maske, mit sechs gleichmäßig verteilten, großen runden Kehltupfen, von denen die beiden äußeren teilweise vom unteren Ende der Wangenflecken verdeckt werden. Die Größe der Tupfen soll im Verhältnis zum übrigen Aussehen des Vogels stehen gemäß dem Idealvogel, veröffentlicht von der Wellensittich-Vereinigung. Kehltupfen können entweder zu groß oder zu klein sein.

Vorstehender
Schnabel,
zu schwache
Vorwölbung der
Stirn
Zu füllig in der
Bauchpartie,
Hängebauch

Für einen Hahn
zu flacher Kopf
Für eine Henne ist das
Kopfprofil korrekt
Zu schlanker Körper,
es fehlt die Tiefe
der Brust

Hohler Nacken,
zu kleine und
schlecht verteilte
Kehltupfen

Rucksackbürzel,
gekreuzte
Schwingen
hängender Schwanz

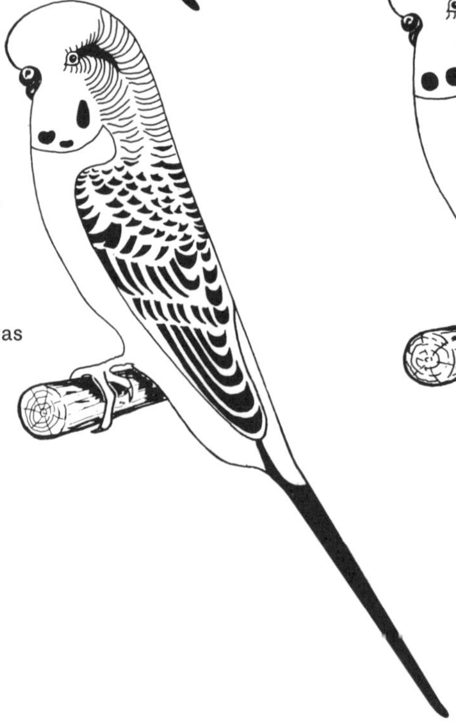

Unregelmäßig
geformte und
schlecht verteilte
Kehltupfen
Zu füllig hinter
den Beinen,
zu kurze Flügel,
die überdies etwas
hängen

Idealer Schau-
wellensittich
entsprechend dem
Idealbild der
englischen
Budgerigar
Society
(Wellensittich-
Vereinigung)
von 1968

Beine und Füße: Gerade und kräftige Beine mit zwei vorderen und zwei hinteren Zehen und die Sitzstange fest umgreifende Krallen.
Zeichnung: Klare Wellenzeichnung an Wangen, Kopf, Hals, Rücken und Flügeln.
Farbe: Rein und von gleichmäßiger Schattierung.

Die Darstellung auf Seite 110 zeigt verschiedene Fehler in meist etwas übertriebener Form, um sie hervorzuheben. Die Erscheinung der Vögel soll ausgeglichen sein. Der Laie wird zweifellos selbst erkennen, daß eine kleine Mißgestaltung oder Verstellung, z. B. des Auges im Kopf, die Ausgeglichenheit zerstört. Desgleichen ist ein Vogel mit flacher Stirn oder dickem Bauch ein schlechter Anblick. Auch die allgemeine Haltung des Vogels sollte der Zeichnung entsprechen, und zwar aufrecht, stark und Lebenskraft ausstrahlend.
Jedermann wird verstehen, daß Vögel zu richten keine leichte Arbeit bedeutet. Die zu bewertenden Vögel sind nicht ausgestopft; sie sind lebende Wesen, die man in kleine Ausstellungskäfige gesperrt hat. Der Richter kann sie nicht herausnehmen, um sie in der Hand gut betrachten zu können. Nervöse Vögel, die sich in einer Käfigecke verstecken, oder wie besessen hin- und herlaufen oder am Gitter zerren, sind ungeeignet für eine ordentliche Bewertung. Aus diesem Grund sind die Züchter gut beraten, sich ein bißchen

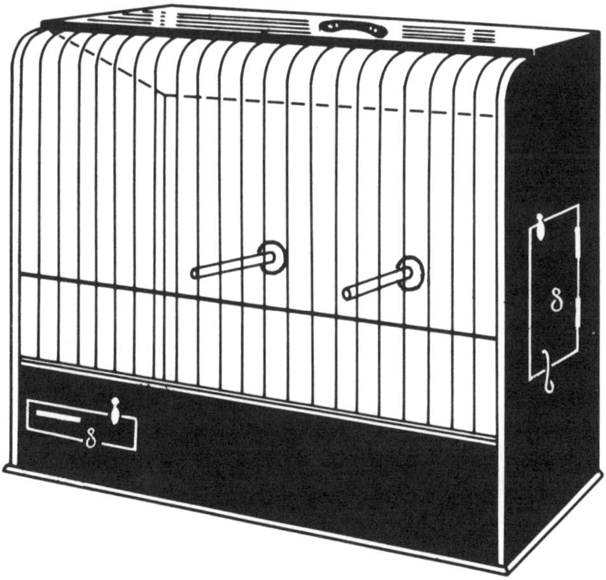

Englischer Standard-Schaukäfig Pat. No. 755 106 mit freundlicher Genehmigung von „The Budgerigar Society"

Mühe mit ihren Vögeln zu geben, die auf Ausstellungen Trophäen für ihre Besitzer gewinnen sollen. Sie müssen die Vögel vorher gut trainieren. Die Vögel brauchen Zeit, um sich an den Ausstellungskäfig zu gewöhnen.
Es gibt keinen Welt-Standard-Schaukäfig, aber es gibt einen festgesetzten englischen; dieser ist 35,5 cm breit, 30,5 cm hoch und 16,5 cm tief (s. Zeichnung).
Nicht am Schluß steht die Frage des Trainierens der Vögel für Ausstellungen. Ich habe vorher darauf hingewiesen, daß die Vögel , die den ganzen Sommer in Außenvolieren geflogen sind, sich an den Ausstellungskäfig gewöhnen müssen. Das bedeutet nun. nicht, daß wir sie sofort in Ausstellungskäfige setzen. Es ist ganz klar, daß jeder Käfig eine beträchtliche Beschränkung ihrer Freiheit bedeutet, der sie sich beim Heranwachsen erfreuten. Damit sie sich nun daran gewöhnen, sollten wir je einen Vogel in die Zuchtkäfige setzen, die um diese Jahreszeit nicht gebraucht werden. Diese Käfige müssen jedoch vorher gründlich gereinigt sein, da von nun an die Vögel selbst peinlich sauber gehalten werden müssen. Der Boden des Käfigs ist mit reinem, trockenen Sand bedeckt und wird regelmäßig gesäubert. Wenn die Ausstellungen im November beginnen, sollten die hierfür vorgesehenen Vögel zumindest einen Monat vorher in diese Käfige gesetzt werden. In der Regel mausern sie vorher.
Um einen Wellensittich gut waschen zu können, hält man ihn am besten in der Hand und streicht mit einem Rasierpinsel mit viel warmem Seifenwasser sehr vorsichtig über das Gefieder, und zwar nur in der Richtung, wie die Federn laufen. Danach schlagen wir ein Badehandtuch um ihn und halten ihn vorsichtig darin, bis er gut abgetrocknet ist. Dann wird er in seinen Käfig zurückgesetzt und mit einem Infrarotstrahler oder einem kleinen elektrischen Heizofen bestrahlt. Jetzt ist Zugluft natürlich noch gefährlicher als sonst. Man darf den Vogel nie ganz baden. Er würde dann zu naß werden.
Ein Züchter, der seine Vögel auf Ausstellungen zu schicken pflegt, wird diesen Brauch weniger seltsam finden als Anfänger, die, wie ich weiß, solche Mühe leicht als unnötig betrachten.
Ich rate jedem sehr, seine Vögel sich wenigstens eine Woche lang an den Ausstellungskäfig gewöhnen zu lassen. Nach dieser Zeit fühlen sie sich normalerweise heimisch darin und zeigen sich anmutig. Preisrichter und Besucher können sie dann eingehend betrachten. Dies ist eine der Hauptanforderungen an Ausstellungsvögel.
Als wir die Mauser besprachen, habe ich darauf hingewiesen, daß die Vögel oftmals auf dem Rücktransport von Ausstellungen zu mausern beginnen.

Ausstellungshallen werden meist ziemlich warm gehalten, und der Temperaturunterschied läßt die Vögel dann leicht mausern. Ein Vogel, der gerade vor der Ausstellung gemausert hat, wird danach nicht gleich wieder mausern. Wenn Vögel aus einer Innenvoliere während einer strengen Kälteperiode auf eine Schau geschickt wurden, ist es ganz und gar nicht ratsam, sie gleich nach ihrer Rückkehr in eine Außenvoliere zu bringen. Sie könnten dadurch an einer Lungenentzündung erkranken. Wechsel sollten immer allmählich vorgenommen werden.
Ich möchte dieses Kapitel über Ausstellungen mit einem Hinweis für diejenigen Züchter beenden, die vielleicht Monate vor dem großen Tag entdecken, daß ihr bester Vogel mit einem gebrochenen Schwanz umherfliegt. Dies ist ein Unglück, das letzten Endes jedem Vogel passieren kann. Wenn die Schwanzfedern vorsichtig ausgezogen werden, wachsen sie in sechs bis acht Wochen wieder neu. Wartet man auf der anderen Seite solange, bis die Schwanzfedern bei der Mauser abgeworfen werden, kann es Monate dauern, und der Vogel ist für die Ausstellung unbrauchbar.

Zahme und sprechende Wellensittiche

Obgleich dieses Buch bestimmt nicht das Dressieren von Zirkuskünstlern zu unterstützen beabsichtigt, und ich in meinem Lande nur gelegentlich Gerüchte über sprechende und schauspielernde Wellensittiche gehört habe, gibt es zu viele Wunderexemplare, um sie ganz außer Diskussion zu lassen.
Besonders in den USA und Frankreich wurden viele Wellensittiche für kleine, private Vorführungen dressiert. Auf der Rückseite der französischen Broschüre „La Perruche Ondulée“ von R. Carpentier ist eine reizende junge Dame abgebildet, die eine lange Haarsträhne in einem Bogen hält, auf der sechs dressierte Wellensittiche hin- und herschaukeln.
In dem amerikanischen „Cage-Bird Magazine“ habe ich oft Fotografien von Wellensittichen gesehen, die auf Spielzeugfeuerwehrautos kletterten, auf einer Wippe auf- und abgingen oder sogar in Spielzeugautos umherfuhren. Es gibt eine Fülle von Anekdoten über Wellensittiche, die komische Bemerkungen machen oder sogar Verse vortragen können.
Heutzutage sind sprechende Wellensittiche weder in England noch in Deutschland eine Ausnahme. Ich bin sehr geneigt zu glauben, daß so mancher Züchter, der erst jetzt hört, welche Möglichkeiten ein Wellensittich als Hausgefährte bietet, den Wunsch hat, solch einen Spielgefährten selbst zu besitzen. Es erfordert Zeit und Geduld, so einen kleinen Genossen zu einem

treuen Freund zu machen, dessen Lieblingsplatz unsere Schulter ist, zu einem getreuen Kameraden, der sich immer über die Gesellschaft seines Herrn oder seiner Herrin freut. Doch ist das Ergebnis all die Mühe wert, besonders wenn eine längere Krankheit uns an den Lehnstuhl bindet oder wir bettlägerig sind.

Der bekannte afrikanische Graupapagei, die Gelb- oder Blaustirnamazone und der kleine weiße Gelbhaubenkakadu lernen sehr eifrig nachzuahmen. Diese liebenswürdige Eigenschaft ist bestimmt einer der Hauptgründe für ihre Popularität als Käfigvögel. Auf der anderen Seite haben sie ein unangenehmes Schreien an sich, eine manchmal gefährliche Anlage zum Beißen, sind ziemlich teuer im Futter und stellen höhere Ansprüche in der Unterbringung. Nach diesen Vögeln ist der Wellensittich bei weitem der beste Sprecher und Nachahmer. Wenn man nun bedenkt, wie lächerlich billig er zu erwerben ist, welch bescheidene Ansprüche er an Futter und Unterbringung stellt, und welche Zuneigung er schenken kann, so möchte ich sagen, daß der sprechende Wellensittich eine große Zukunft in allen Ländern hat.

In seinem berühmten Werk erwähnt Brehm all die Fähigkeiten des Wellensittichs seiner Zeit. Seinen Aufzeichnungen folgten so viele verschiedene Berichte, daß es kaum möglich ist, alles aufzuführen, was Wellensittiche zu sprechen gelehrt wurde. Es besteht jedoch ein kennzeichnender Unterschied im Vergleich zu den Papageien. Unter den Vokalen ziehen Wellensittiche e und i vor, hingegen sind a und o die Grundvokale der sprechenden Papageien. Kinder- und Frauenstimmen werden diesen hellen Vokalen am besten gerecht, und daher sind Kinder und Frauen die besten Lehrer für Wellensittiche. Weiterhin haben Kinder und Frauen wahrscheinlich mehr Zeit für Unterrichtsstunden als Männer, ganz abgesehen von der Tatsache, daß sie in der Regel öfter zu Hause sind als Männer.

Eine der hervorstechenden Eigenschaften der Wellensittiche ist ihre Liebe zur Gesellschaft. Aus diesem Grund wird ein allein gehaltener Wellensittich, d. h. ohne Artgenossen, bald nach anderer Gesellschaft Ausschau halten. Daraus folgt, daß wir nie versuchen sollten, zwei Wellensittiche zusammen zu halten, während wir sie sprechen lehren wollen. Sie werden ausschließlich miteinander beschäftigt sein und sich in ihrer eigenen Wellensittichsprache unterhalten!

Trennen wir einen Wellensittich von seinen Artgenossen und geben ihm einen Platz in unserem Wohnzimmer, müssen wir bedenken, daß es von dem Tage an unsere Pflicht ist, ihm regelmäßig Aufmerksamkeit als Ersatz für den Verlust seiner Spielgefährten zu schenken.

Wenn ich im Verlaufe meiner Bemerkungen von „ihm“ gesprochen habe, geschah es deswegen, weil Männchen sich besser zum Sprechen eignen.
Die Aufgabe besteht nun darin, einen geeigneten Hahn zu finden. Unter den Wellensittichen wie unter den Menschen ist nicht jeder tauglich für die höhere Schule! Wir brauchen Glück, wenn wir unsere Wahl treffen. Falls wir nach einigen Monaten keinen Fortschritt gemacht haben, bleibt uns nichts übrig, als uns einen neuen Kandidaten auszusuchen.
Wie sollen wir vorgehen? Aus einem Nest junger Wellensittiche, die zwischen einer und drei Wochen alt sind und sich gerade befiedern, wählen wir einen jungen Hahn. Doch es ist nicht leicht, in diesem Alter einen Hahn zu erkennen, da dann alle Nasenwachshäute ziemlich bläulich-rosa aussehen. Die blaueste Nasenwachshaut und die höchste Kopfwölbung dürfen als Anzeichen männlicher Jungvögel angesehen werden. In diesem Alter beißen die Jungen kaum, so daß wir den „Beiß-Test“ besser unterlassen. Wenn wir uns entschließen, ein bißchen länger zu warten, kann uns die Tatsache bei der Geschlechtsbestimmung älterer Jungvögel helfen, daß Hennen gewöhnlich stärker beißen und sich festhalten. Hierbei würden wir uns auch beträchtliche Mühe ersparen, denn es ist bestimmt keine leichte Aufgabe, drei Wochen alte Jungvögel zu füttern, bis sie selbst fressen können. Um sie zu zähmen, schadet es nicht, wenn wir sie etwas älter werden lassen, bevor wir damit beginnen. Zwar müssen wir uns vergegenwärtigen, daß das Zähmen etwas länger dauern wird, da der Vogel mit seinen Artgenossen schon Fliegen gelernt hat. Der Sprechunterricht muß jedoch so lange zurückgestellt werden, bis der Vogel zahm ist. Zur Verdeutlichung werde ich beide Methoden besprechen.
Angenommen, wir entschließen uns für die erste Methode, so setzen wir den jungen Vogel zunächst in eine Zigarrenschachtel, deren Boden mit Sägemehl bedeckt wurde. Anstelle des Deckels nehmen wir ein Stückchen Maschendraht zum Verschließen. Wir stellen die Schachtel ins Wohnzimmer und achten darauf, daß der Platz nicht zu hell ist. Noch an das Halbdunkel des Nistkastens gewöhnt, wird der Vogel seinen Kopf in eine dunkle Ecke stekken, so daß er so wenig Licht wie möglich sieht. Nach einiger Zeit hat er sich an das Licht gewöhnt. Es ist kaum durchführbar, den Jungvogel in der Dunkelheit zu füttern, wie er es gewohnt war. Auf der anderen Seite ist all die Mühe, die wir uns beim Füttern geben, vergeblich, wenn wir den Vogel nicht gleichzeitig an das Tageslicht gewöhnen!
Wenn wir einen Jungvogel aus dem Nistkasten nehmen, ist er meistens gut gefüttert und hat einen vollen Kropf. Daher füttern wir ihn auch nicht

sofort. Wir warten ungefähr vier Stunden, so daß wir annehmen können, daß der Vogel dann hungrig ist.

Während der ersten Woche müssen wir den Jungvogel sechsmal am Tag füttern, d. h. alle drei Stunden, fast wie ein Baby. Das Sonderbare ist nun, daß wir ihm die gleiche Nahrung wie einem Baby geben können. Die Babyflasche ist natürlich nicht das richtige. Wir stellen aus der Säuglingsnahrung einen Brei her oder verwenden auch andere stärkehaltige Nahrungsmittel.

Ich selbst bevorzuge zum Füttern solch junger Vögel eine Pipette. Hierfür mache ich den Brei oder anderes lösliches, stärkehaltiges Futter gerade so dünn, daß ich es mit der Pipette eingeben kann. Dann prüfe ich, ob die Temperatur richtig ist (37 °C) und beginne mit dem Füttern. Die Temperatur des Futters hält man auf einem Stövchen, oder indem man das Gefäß in heißes Wasser stellt. Das Füttern ist am Anfang keine leichte Arbeit. Wir legen ein Stück Papier oder ein Tuch auf unsere Knie und nehmen den Vogel in die linke Hand. Dann setzen wir ihn so auf das Papier oder das Tuch, daß der Kopf aus der Hand hervorguckt. Mit dem linken und rechten Zeigefingernagel öffnen wir den kleinen Schnabel, führen die Pipette nicht zu tief in den Schlund und pressen das Futter langsam heraus. Wenn wir die Pipette nicht zu tief einführen, werden wir bald sehen, daß der Vogel mit seiner Zunge zu helfen beginnt. Nach einigen Malen wird er seinen Schnabel von selbst öffnen. Dann kann man ihm erlauben, auf dem Tisch zu sitzen und aus der Pipette zu fressen, aus der wir das Futter herauspressen. Wir müssen nur dafür sorgen, daß das Futter in der richtigen Temperatur gehalten wird, und daß der Kropf nach jeder Fütterung gefüllt ist. Sobald der Vogel das Freßtempo selbst bestimmt, können wir auf einen Teelöffel übergehen und enthülste Hirse unter den Brei mischen. Wenn man die Hirse ein wenig zerquetscht, lösen sich die Hülsen leicht. Mit einem kleinen Tuch und warmen Wasser säubern wir vorsichtig nach jeder Fütterung den kleinen Schnabel und die Federn um ihn herum. Sonst trocknet der Brei und wird hart, so daß er sich sehr schwer entfernen läßt.

Wie wir sehen, liegen eine oder zwei arbeitsreiche Wochen vor uns. Aber das Ergebnis ist alle Mühe wert. Der Vogel wächst sehr zahm auf und begrüßt das Futter mit lautem Gepiepse. Er kommt zu uns hergelaufen und sehr bald schon hergeflogen, wenn mittlerweile seine Federn ausgewachsen sind und er seine Flugversuche unternimmt. Dies bedeutet nun, daß es an der Zeit ist, ihn aus der Schachtel zu nehmen und in einen Käfig zu setzen, den wir für ihn bereitgehalten haben. Sobald er im Käfig ist, wird er versuchen, eine Sitzstange zu erreichen, die wir zweckmäßigerweise in Bodennähe angebracht haben. Wenn er erst einmal von der Sitzstange Besitz ergriffen hat, wird sie sein Stammplatz. Jetzt streuen wir Hirse auf den Käfigboden. Anfangs füttern wir noch enthülste Sämereien, so daß der Jungvogel keine Schwierigkeiten beim Entfernen der Hülsen hat. Danach wechseln wir zu normaler Hirse und Kanariensaat über. Wenn er nicht genügend frißt, sollten wir ihm etwas eingeweichtes Weißbrot anbieten.

Unserem neuen Zimmergenossen haben wir viel Aufmerksamkeit zu schenken. Wir müssen ihm alle erforderlichen Nährstoffe geben, damit er gesund aufwachsen kann. Zwischen den Sand auf dem Käfigboden mischen wir etwas Grit und Futterkalk zwischen die Sämereien. Hin und wieder fügen wir einige Tropfen Vitamine hinzu und bald können wir ihm schon etwas Vogelmiere oder Zichorie als besonderen Hochgenuß geben.

Der Vogel sollte nicht immer in einen Käfig gesperrt werden. Er muß täglich Flugübungen im Raum machen. Bei dem Gedanken an Sessel und Gardinen braucht man nicht die Stirn zu runzeln, denn die Kothäufchen lassen sich leicht entfernen. Sie sind meist nahezu trocken und hinterlassen keine Flekken, da der Vogel wenig trinkt und nur stärkehaltige Nahrungsmittel zu sich nimmt.

Mit der Zeit hüpft uns der Wellensittich auf den Finger, den wir ihm in den Käfig halten. Wir können unseren Wellensittich ohne das leiseste Anzeichen von Furcht heraustragen und dürfen annehmen, daß wir sein Vertrauen gewonnen haben. Anfänglich wird er gelegentlich aufschrecken und davonfliegen, wenn wir eine unerwartete Bewegung machen. Im Laufe der Zeit gewöhnt er sich auch hieran, und unsere Schulter wird dann sein beliebtester Sitzplatz.

Ich persönlich halte nichts von der Angewohnheit, den Flügel auf einer Seite etwas zu beschneiden, so daß er nur mit Schwierigkeiten fliegen kann und nie weiter als bis zum Tisch oder Schrank kommt. Es besteht immer die Gefahr, daß er seine Flügelkräfte überschätzt, mit etwas zusammenstößt und sich verletzt. Mit etwas Geduld können wir ihn immer dahin dirigieren, wohin wir möchten, auch wenn es eine weitere Woche Training kostet.

Jetzt können wir mit den Übungsstunden beginnen. Dabei müssen wir mit ihm allein sein, denn jede Ablenkung zieht seine Aufmerksamkeit auf sich. Wenn andere Personen (auch Kinder) im Raum sind, hoffen wir vergeblich auf die leiseste Aufmerksamkeit. Es ist auch ratsam, die Übungsstunden zu bestimmter Uhrzeit abzuhalten, so daß auch dies zu einer Gewohnheit wird. Die Dämmerungsstunde, zu der unser Vogel nach einem bewegten Tag von selbst ruhiger wird, ist ganz besonders geeignet für diesen Zweck. Der Wellensittich hat dann gefressen und ist bereit, uns seine Aufmerksamkeit zu schenken. Er muß seine Lehrerin gut beobachten können. Wenn er auf ihrem Finger sitzt, wird er zuhören, wie sie seinen Namen ausspricht. Dieser muß einen i-Laut haben, wenn er der Vogelbegabung entsprechen soll. „Pieter“ oder „Bibi“ z. B. wären geeignet, aber es gibt natürlich noch viele andere Namen zur Auswahl. Sobald er die Stimme seiner Lehrerin hört, wird er anfangs in seinem eigenen Gezwitscher antworten. Nach einigen Tagen aber wird die Lehrmeisterin bemerken, daß er Laute von sich gibt, die er während des Tages zufällig irgendwann aufgeschnappt hat, und früher oder später wird auch sein Name darunter sein. Tägliches Üben zu regelmäßiger Stunde und unermüdliches Wiederholen des Namens bringen den Erfolg. Einige Vögel reagieren schnell. In solchen Fällen können wir bald andere Worte hinzufügen oder sogar einen ganzen Satz. Andere Vögel lernen langsam oder überhaupt nicht. Nach ein paar Wochen wissen wir über unseren Kandidaten Bescheid. Wenn er nicht irgendwelche Laute nachahmen kann, weder das Knarren einer Tür noch unser tägliches Pfeifen nach ihm oder seinen eigenen Namen, so ist er ein hoffnungsloser Fall. Wir sollten uns dann besser nach einem talentierteren Schüler umsehen. In der Regel werden wir jedoch nicht enttäuscht, wenn wir uns an die obenbeschriebene Methode halten.

Nehmen wir an, der in Frage stehende Vogel ist bereit zu lernen. In diesem Fall wird man bald feststellen, daß er sich auf die Unterrichtsstunde freut. Er wird sozusagen die Worte von unseren Lippen lesen. Er wird nicht nur kurze Sätze sprechen lernen, er kann sogar einen Kinderreim vortragen oder ein Lied pfeifen. Der Vogel wird uns nie über seine Gefühle im Zweifel lassen, wenn er sich vernachlässigt fühlt. Dann beginnt er zu rufen und hört nicht eher damit auf, als bis wir zu ihm gehen und einige Zeit bei ihm bleiben. Es gibt keinen Zweifel, daß solch ein Vogel lange Zeit viel Spaß bringt.

Jetzt wollen wir sehen, wie ein junger Vogel gezähmt und ein wohlerzogener Schüler wird, der bereits aus dem Nistkasten geflogen ist. Der Nachteil, den wir ausgleichen müssen, ist die Tatsache, daß unser Schüler wahrscheinlich schon einige Zeit mit seinen Artgenossen umherfliegen konnte. Dabei hat er viel von der normalen Wellensittichsprache aufgeschnappt. Sobald wir ihn von den anderen getrennt haben, sieht er leicht sehr traurig aus. Tatsächlich wird er sich wahrscheinlich weigern, für einen Tag oder auch länger irgendetwas mit uns zu tun haben zu wollen.

Andererseits müssen wir auch darauf achten, daß er nicht allein gelassen wird. Wir müssen uns bemühen, seine Aufmerksamkeit auf uns zu lenken. Am besten gibt man ihm Futter, nachdem er etwa vier Stunden gehungert hat. Sobald er hungrig wird und bemerkt, daß wir einen Futternapf in seinen Käfig stellen, wird er sich zum Trotz dafür interessieren. Wenn er genug gefressen hat, nehmen wir ihm den Napf jedoch wieder fort und wiederholen dies einige Male. Dann versuchen wir, ein bißchen vertrauter mit ihm zu werden. Wir halten den Napf in unserer Hand und warten, bis er seine Furcht überwindet. Nach einiger Zeit kommt er und pickt vorsichtig ein Samenkorn, dann dreht er sich um und eilt wieder fort. Bald gewöhnt er sich, und es besteht bestimmt kein Grund, ihm die Flügel zu beschneiden, es sei denn, daß er auch nach einer Woche noch fortfliegt, um sich oben auf einem Schrank zu verstecken, wo wir nicht heranreichen können. In diesem Fall müssen wir ihm etwas Flügelkraft nehmen, indem wir die Spitzen von sechs nebeneinander liegenden Federn eines Flügels kürzen. Hiernach ist er noch in der Lage zu fliegen, aber nicht mehr außer Reichweite. Wenn es sich vermeiden läßt, sollten wir nicht versuchen, ihn zu greifen. Sogar ein völlig zahmer Wellensittich hat etwas hiergegen. Wir versuchen dann, ihn auf eine Stange zu locken, die wir ihm hinhalten. Danach reichen wir ihm unseren Finger und gewinnen nach und nach auf diese Weise sein Vertrauen.

In seinem Käfig können wir eine Schaukel oder eine Kletterstange befestigen. Er wird beide während des Tages bestimmt viel benutzen. Wenn wir ihn jeden Tag einige Zeit frei fliegen lassen können, ist das noch besser. Es wird dann nicht lange dauern, bis er zu den Mahlzeiten zu uns an den Tisch kommt.

Es gibt immer Gefahren, wenn ein Vogel frei umherfliegt. Wir dürfen keine Katze halten. Ein Hund gewöhnt sich sehr schnell an den Vogel, so daß hier kein Grund für eine Warnung besteht. Wenn wir jedoch versehentlich ein Fenster offen lassen, fliegt der Vogel fort, und wir haben ihn wahrscheinlich das letzte Mal gesehen. Sein Flug ist so schnell, daß er schon weit fort ist, bevor ihm bewußt wird, was passiert ist. Anders als die größeren Papageien, die in der Regel ihren Weg zurückfinden, ist Meister Butschi völlig verloren, so daß ihn nur ein glücklicher Zufall retten kann.

Auch bei dieser Methode müssen wir mit dem Sprechunterricht warten, bis der Vogel völlig zahm ist. Dies erfordert viel mehr Zeit, doch andererseits haben wir uns einige mühevolle Wochen erspart, wenn wir erst später beginnen.

Die Fähigkeit eines zahmen Wellensittichs, Kunststücke zu lernen, leitet sich von seiner Scherzhaftigkeit und seiner Liebe zum Turnen ab. Eine Schaukel und eine Kletterstange sind seine beliebteste Käfigausrüstung. Wenn wir eine lange Strickleiter knüpfen und ihm hinhalten, wird er sofort daran hochklettern. Hängen wir sie über einen Tisch, so klettert er auf der einen Seite hoch und auf der anderen hinunter. Unsere bloßen Hände genügen, ihm das Klettern beizubringen. Wenn er auf einem Finger sitzt, halten wir einen anderen darüber, dann noch einen und noch einen. Auf diese Art lernt er den Trick im Nu. Am Ende einer Stange sitzend, ist er überglücklich, wenn man sie herumschwingt, hochhebt, senkt und so fort. So hat man ihn wahrscheinlich auf das Fahren in Spielzeugautos oder sogar auf einer Spielzeuglokomotive und verschiedene andere Arten von automatischen Beförderungsmitteln trainiert. Ein Feuerwehrauto mit einer Leiter bietet eine Unmenge von Möglichkeiten, und es scheint wirklich so, daß der Vogel Gefallen an Dingen dieser Art findet.

Zucht

Farbeigenschaften

Ohne Zweifel besitzen einige Wellensittichzüchter gute Kenntnisse über die vielen verschiedenen Farbvarietäten, die heute existieren. Für sie ist die Frage von geringem Interesse, wie diese Farben entstehen oder hervorgebracht und kombiniert werden können. Andererseits gibt es viele Züchter, die fast ausnahmslos daran interssiert sind, sich über die Farbenvererbung soweit zu unterrichten, daß sie die vielen Farbschläge selbst züchten können. Ich werde mich bemühen, so verständlich wie möglich zu erklären, wie sich die Farbmerkmale vererben, warum Farbschläge gezüchtet werden können, wie und wann es die Züchter wünschen. Die meisten Wellensittichzüchter interessieren sich sehr für die Züchtung vieler Farbvarietäten, und andere möchten sich natürlich auf eine Art spezialisieren.

Die heute bekannten Vererbungsgesetze für Wellensittiche bauen auf den von Gregor Mendel (1822–1884) bei seinen Forschungsarbeiten über Pflanzenvererbung entdeckten Gesetzmäßigkeiten auf. Es ist interessant zu wissen, daß praktisch alles, was heute über die Vererbung bei Wellensittichen geschrieben wird, ausgeht von den experimentellen Arbeiten zu Mendels Entdeckungen von Dr. H. Duncker und Generalkonsul C. H. Cremer aus Bremen. Dr. Dunckers Theorien wurden in England von Experimentalzüchtern wie Elliot, Weston, Rattigan, Wall und Rogers geprüft und bestätigt. Später brachten die Forschungsarbeiten über Farbvererbung von Dr. Steiner aus Zürich und von Professor F. A. E. Crew aus Edinburgh noch weitere Erkenntnisse über die Farben der Wellensittiche hinzu. Um die unterschiedlichen Farbeigenschaften zu erklären, wurden verschiedene Formeln durchaus erfolgreich benutzt, doch aus Einfachheitsgründen für den Züchter sollen sie in diesem Buch nicht verwendet werden. Für diejenigen, die sich für Erbformeln interessieren, möchte ich das englische Buch „Genetics for Budgerigar Breeders“ von Taylor und Warner empfehlen.

Bevor ich auf die Grundlagen der Vererbung weiter eingehe, wie sie von den Pionieren der Experimentalzucht entwickelt wurden, müssen vorerst einige Einzelheiten näher erläutert werden. Zunächst muß der Züchter wissen, daß aus einem Zuchtpaar von ein und derselben Farbe oder gleichem Erscheinungsbild (Phänotyp) auch andere Farben hervorgehen können, wenn die Vögel ein unreines Erbbild (Genotyp) besitzen. Bei allen Zuchtexperimenten ist es daher unbedingt notwendig, die richtige Abstammung der Elternvögel zu kennen, bevor die theoretischen Erwartungen genau berechnet werden können. Jedes Zuchtpaar darf unter strenger Kontrolle nur einzeln in einem Käfig oder Zuchtabteil brüten.

Die verschiedenen Erbanlagen für Größe, Form, Typ, Farben, usw. werden von mikroskopisch kleinen Körpern getragen, den sogenannten Chromosomen, die in Paaren vorkommen mit Ausnahme derjenigen, die das Geschlecht kontrollieren. Jede Hälfte eines Chromosomenpaares trägt die gleichen Gene wie die andere Hälfte. Diese Gene sind es, welche die verschiedenen Vererbungsvorgänge steuern. Bei der Verpaarung vereinigt sich die Samenzelle des Hahnes mit der Eizelle der Henne. Sowohl die Samenzelle als auch die Eizelle tragen nur jeweils einen halben Satz der Chromosomenpaare der Elterntiere. In der befruchteten Eizelle bildet sich also ein vollständiger neuer Satz von Chromosomen.

Wie werden nun hierdurch die Farben gesteuert, die aus jedem einzelnen Wellensittichzuchtpaar hervorgehen können? Wenn wir zum Beispiel einen himmelblauen Hahn mit einer rein hellgrünen Henne verpaaren, so werden alle Jungen hellgrün in der Farbe wie ihre Mutter. Sie besitzen jedoch nicht das gleiche Erbbild, da sie je einen halben Chromosomensatz von beiden Elternteilen geerbt haben. Der halbe Satz des Hahnes enthält die Gene für die Erzeugung blauer Farbe, während der Halbsatz der Henne die Gene für Grün trägt. Da die Grün-Gene gegenüber den Blaufaktoren dominant (überdeckend) sind, erscheinen alle Jungvögel deshalb als Grüne, tragen jedoch im Verborgenen die Möglichkeit für blaue Farbe. Wenn andererseits jeder Teil des Paares mit einem Gegengeschlecht seiner eigenen Farbe verpaart würde, so folgten aus dem Hahn nur blaue Nachkommen und aus der Henne nur grüne.

Nun wollen wir sehen, wie es sich mit den erblich unreinen Jungen der soeben erwähnten Verpaarung verhält. In der Fachsprache werden solche Vögel als „Hellgrüne, spalterbig in blau" bezeichnet. Alle nicht reinerbigen Vögel werden dadurch beschrieben, daß man die sichtbare Farbe zuerst hinschreibt, gefolgt von einem Schrägstrich „/" (oder Zeichen für Spalterbigkeit) und dann von ihrer verborgenen Farbe oder auch mehreren verdeckten Farben. Wenn zwei dieser hellgrün/blauen Vögel miteinander verpaart werden, so züchten sie nach dem bekannten Mendelschen Verhältnis 1:2:1. Mit anderen Worten: 25% der Jungen werden Hellgrüne wie ihre reinerbige Großmutter, 50% Grün/Blaue, spalterbig wie ihre Eltern und 25% werden Himmelblaue wie ihr Großvater. Es gibt keine visuelle Möglichkeit, die rein Hellgrünen von denen zu unterscheiden, die spalterbig in Blau sind. Dies kann nur durch Kontrollpaarungen überprüft werden. Während der anfänglichen experimentellen Arbeiten in der Farbenzucht wurde eine sehr große Anzahl von Verpaarungen ähnlich der obenerwähnten vorgenommen und die Ergebnisse sorgfältig überprüft. Interessanterweise stellte man fest, daß sich die Prozentsätze sehr genau einstellten. Bei allen experimentellen Untersuchungen dieser Art können die Prozente nur aus den zusammengefaßten Ergebnissen vieler gleichartiger Verpaarungen berechnet werden. Die anderen Farben verhalten sich genauso wie die soeben beschriebenen. Wir werden später sehen, wie sich diese verschiedenen Farben vererben. Wenn der Züchter die Methoden der Paarungsrechnungen erst einmal beherrscht, sollte er die Ergebnisse irgendeiner Verpaarung einigermaßen leicht vorhersagen können, wenn sie nicht von allzu komplexer Form sind.

Wir haben gerade gesehen, wie sich die einfachen dominanten und rezessiven (zurückweichenden, verdeckt vererbenden) Merkmale verhalten. Hiermit ist jedoch die Vererbung noch nicht abgeschlossen. Es sind noch weitere Eigenschaften zu betrachten. Wenn es zur Vererbung der verschiedenen Farbschattierungen einer Varietät kommt, wird eine spezielle Formel für die sogenannte unvollständige Dominanz benutzt. Es ist bekannt, daß bei jeder Farbvarietät drei verschiedene Tönungen existieren, die durch den Dunkelfaktor beherrscht werden. Diese Dunkeleigenschaft ist keine Farbe, sondern verändert nur die Tiefe anderer Schattierungen. Im Falle des Hellgrünen fehlt der Dunkelfaktor. Beim Dunkelgrünen ist die Dunkeleigenschaft in einfacher Stärke (1 Dunkelfaktor) und beim Olivgrünen in doppelter (2 Dunkelfaktoren, Doppelfaktor) vorhanden. Wenn daher ein Olivgrüner an einen Hellgrünen gepaart wird, so werden alle ihre Jungen dunkelgrün. Dies erklärt, daß die Dunkeleigenschaft unvollständig in ihrer Dominanz ist, denn wenn sie voll dominant wäre, würden alle Jungen olivgrün sein. Wenn jetzt zwei Dunkelgrüne miteinander verpaart werden, erhalten wir wiederum das einfache Mendelsche Verhältnis 1:2:1, das heißt Hellgrün, Dunkelgrün und Olivgrün. Dasselbe Verhältnis der Dunkeleigenschaft tritt bei allen Farbvarietäten wieder auf und ist unabhängig von anderen Merkmalen der Zuchtpaare. Die folgende Aufstellung zeigt die Wirkungsweise des Dunkelfaktors und kann auf jede Verpaarung angewendet werden. Als Zeichen für die doppelte Menge von Dunkel schreiben wir DD, für die einfache Stärke Dd, und für das Fehlen des Dunkelfaktors wollen wir dd setzen:

1. DD × DD ergibt nur DD
2. DD × dd ergibt nur Dd
3. Dd × Dd ergibt 25% dd, 50% Dd und 25% DD
4. Dd × dd ergibt 50% dd und 50% Dd
5. dd × dd ergibt nur dd

Mit dem Wissen über die einfachen Methoden der Vererbung sollen als nächstes die Unterschiede in der Dominanz und Rezessivität zwischen den einzelnen Farbkombinationen betrachtet werden. Alle Farbschläge des Wellensittichs können in zwei Gruppen aufgeteilt werden, diejenigen mit gelbem Grund und die anderen mit weißem Grund. Es gibt noch eine weitere Varietät, die vorläufig der Blau-Gruppe zugeteilt werden muß. Das ist die seltsame blaßweißlichgelbe Farbe, hervorgerufen durch die Gelbgesicht-Eigenschaft.

Das Hellgrün des Wildtyps ist dominant gegenüber allen anderen Farben. Von ihm stammen alle verschiedenen und komplexen Grünschattierungen ab, um nur ein paar zu nennen: Olivgrün, Hellgelb, Grauflügel-Dunkelgrün, Falb-Olivgrün, Schiefer-Hellgrün, Opalin-Dunkelgrün, usw. Die rezessive Blau-Reihe enthält Vögel wie Mauve, Weißhimmelblau, Grauflügel-Kobalt, Falb-Mauve, Schiefer-Himmelblau, Opalin-Kobalt, usw. In jeder Farbengruppe sind einige dominant über andere. Zum Beispiel in der Grün-Reihe ist Hellgrün dominant über Grauflügel-Hellgrün, Grauflügel-Hellgrün ist dominant über Hellgelb, und Hellgelb ist dominant über Falb-Hellgrün. Ähnliches gilt für die Blau-Reihe. Jedes reinerbige Mitglied der Grünreihe, verpaart an jedes Mitglied der Blaureihe, ergibt immer grünfarbige Junge. Zusätzlich zu den normalen Kreuzungen, die ziemlich einfache Ergebnisse erwarten lassen, gibt es bestimmte sehr viel verwickeltere, bei denen von jedem Elternteil verschiedene Merkmale getragen werden. Wenn solche Vögel miteinander verpaart werden, sagen die Erbgesetze einen sehr interessanten Bereich von Farbvariationen für die Jungen voraus. Darüber werden wir in späteren Abschnitten Näheres erfahren.

Zusätzlich zur normalen Art der Vererbung, wie sie in den vorangegangenen Absätzen beschrieben wurde, gibt es die geschlechtsgebundene Vererbung, die bei fünf verschiedenen Varietäten auftritt. Bevor wir weiter fortfahren, halte ich es für zweckmäßig, den Einfluß der Geschlechtsbindung an Merkmale zu erläutern. Die durch die Geschlechtskoppelung gesteuerten Merkmale sind Opalin, Schiefer, Zimt, Albino (und Lutino) und rotäugiger Lacewing. Die theoretischen Erwartungen für diese Varietäten können mit den folgenden Formeln berechnet werden:

1. Hahn mit geschlechtsgebundenem Merkmal × Henne mit dem geschlechtsgebundenen Merkmal ergibt ausschließlich Junge mit dem geschlechtsgebundenen Merkmal.
2. Hahn mit geschlechtsgebundenem Merkmal × Henne ohne geschlechtsgebundenes Merkmal ergibt Junghähne, alle spalterbig für das geschlechtsgebundene Merkmal, und Junghennen ausschließlich mit dem geschlechtsgebundenen Merkmal.
3. Hahn ohne geschlechtsgebundenes Merkmal × Henne mit geschlechtsgebundenem Merkmal ergibt Junghähne, alle spalterbig für das geschlechtsgebundene Merkmal, und Junghennen ohne das geschlechtsgebundene Merkmal.
4. Hahn, spalterbig für geschlechtsgebundenes Merkmal × Henne mit dem geschlechtsgebundenen Merkmal ergibt Junghähne und Junghennen mit dem geschlechtsgebundenen Merkmal, Junghähne, spalterbig für dies Merkmal, und Hennen ohne geschlechtsgebundenes Merkmal.
5. Hahn, spalterbig für geschlechtsgebundenes Merkmal × Henne ohne geschlechtsgebundenes Merkmal ergibt Junghähne und Junghennen ohne geschlechtsgebundenes Merkmal, Junghähne, spalterbig für das Merkmal, und Hennen mit dem geschlechtsgebundenen Merkmal.

Wenn zwei Vögel mit verschiedenen geschlechtsgebunden vererbenden Merkmalen miteinander verpaart werden, dann verhält sich einer so, als wäre er ein Vogel ohne geschlechtsgebundenes Merkmal. Wird zum Beispiel ein Zimt-Hahn mit einer Opalin-Henne verpaart, so würde das Ergebnis wie oben bei 2. ausfallen, obgleich die Junghähne spalterbig für beide geschlechtsgebundenen Merkmale wären.

Wenn bestimmte Farben mit einem Dunkelfaktor miteinander verpaart werden, tauchen Unterschiede im Ergebnis der tatsächlichen Farbschattierung auf, obgleich sie sich ausgezeichnet in die blauen und grünen Gruppen aufteilen. Lange Zeit wußten die Züchter nicht, warum bestimmte dunkelgrün/blaue Vögel viele kobaltfarbene Junge hervorbrachten, während andere mit derselben visuellen Farbe nur sehr wenige hatten. Nach der Auswertung der Ergebnisse und Abstammungen einer beträchtlichen Anzahl dieser Verpaarungen von Dunkelgrün zu Himmelblau wurde entdeckt, daß die Dunkeleigenschaft bei bestimmten Vögeln enger mit dem Blau zusammenhing als bei anderen, bei denen der Dunkelfaktor mit Grün verbunden war. Die Untersuchung der Ergebnisse zeigt, daß die theoretische Erwartung bei einer Art von Dunkelgrün/Blau, bekannt als Typ II, 43% Kobald, 7% Himmelblau, 43% Hellgrün/Blau und 7% Dunkelgrün/Blau ist. Die andere Typ I genannte Art läßt 43 % Himmelblau, 7 % Kobalt, 43 % Dunkelgrün/Blau und 7 % Hellgrün/Blau erwarten. Hieraus ist ersichtlich, daß anhand der Zuchtergebnisse ziemlich leicht zu unterscheiden ist, welchem Typ die jeweiligen Vögel angehören. Dieses Unterscheidungsmerkmal bezieht sich auf die gesamte Dunkelgrün/Blau-Gruppe, unabhängig davon, welche anderen Farbeigenschaften von den betreffenden Vögeln getragen werden.

Zusätzlich zur Dunkeleigenschaft, die Änderungen in der Tiefe der Schattierung bewirkt, gibt es zwei andere Faktoren, die ebenfalls eine Veränderung in der Schattierung der Farben hervorrufen, einschließlich bei Vögeln mit Dunkelfaktoren. Es sind dies die beiden in der Vererbung dominanten Faktoren für Australischgrau und Violett. Die Vögel können die Eigenschaften in einfacher oder doppelter Stärke tragen, mit fast dem gleichen visuellen Effekt. Der Graufaktor überdeckt die anderen Farben. Ein Vogel der Grünreihe erhält dadurch ein dumpf olivgrünes Aussehen, das entsprechend der Dunkeleigenschaft in der Tiefe variieren kann. Wenn Vögel der Blaureihe die Graueigenschaft tragen, nehmen sie einen rein grauen Farbton an, der sich wiederum mit der Anzahl der Dunkelfaktoren in der Tiefe ändern kann. Es gibt eine graue Form aller anderen Varietäten, somit können viele sehr interessante Arten gezüchtet werden oder sind es bereits. Die Violetteigenschaft ändert wiederum die Schattierung der Farbe von Vögeln der Blaureihe. Ein Himmelblauer mit Violettfaktor erscheint dem Auge in schwach leuchtendem Kobaltfarbton. Wenn sich die Faktoren für Kobaltblau und Violett vereinigen, so entsteht der wunderschöne (visuelle) Violettfarbton, und wenn Violett und Mauve zusammenkommen, so erscheint der Vogel in Violett-Mauve. Es scheint einige Hinweise zu geben, daß Vögel mit Doppelfaktor für Violett etwas tiefer gefärbt sind als Einzelfaktorvögel. Diese Unterschiede in der Farbtiefe werden in gewissem Ausmaß ebenfalls von den tatsächlichen Schattierungen innerhalb der Blaugruppe gesteuert, welcher der Violettfaktor hinzugefügt wurde. Obgleich es etwas seltsam erscheinen mag, ist es möglich, die Violetteigenschaft in die gesamte Gruppe der Grünen einzuführen. Diese Vögel sind als Violettgrüne bekannt. Durch die Gegebenheit, daß Grünvögel diese besondere Eigenschaft tragen können, die visuelle Violette erscheinen läßt, wird die Schattierung der Farbe ähnlich wie durch den Graufaktor geändert. Es können violette Formen von allen anderen Farben und Varietäten einschließlich der Grauen und Schieferfarbenen (Slates) gezüchtet werden.

Zusätzlich zu den verschiedenen Farbschattierungen gibt es noch mehrere unterschiedliche Zeichnungsmutationen wie die Opalinen, die Hellschwingen, die Dänischen Rezessiven Schecken und die Dominanten Australischen Schecken. Alle können im gesamten Bereich der Farbarten auftreten. Jede dieser Mutationen hat ihre individuellen Zeichnungsmerkmale.

Die folgenden Punkte sollte der Züchter immer im Gedächtnis behalten: Dazu gehört, daß es unmöglich ist für einen Vogel in beliebiger Farbe, eine dominante Farbeigenschaft in spalterbiger Form zu tragen. Ebenso kann keine Henne beliebiger Farbe oder Varietät spalterbig für ein geschlechtsgebundenes Merkmal sein. Dies muß unbedingt bei der Berechnung theoretischer Erwartungen berücksichtigt werden. Es mag scheinen, daß es eine Ausnahme in den normalen Vererbungsgesetzen bei den dunkeläugigen Aufgehellten gibt, die bei der Kombination der Eigenschaften für Dominante Hellschwingen und Rezessive Dänische Schecken in Erscheinung tritt. Diese Vögel sind vollkommen rein gelb oder weiß und haben die dunkelpflaumenfarbigen Augen der Dänischen Rezessiven Schecken. Wenn sie jedoch an reine Normale gepaart werden, so fallen dabei einige junge Hellschwingen. So könnte es tatsächlich scheinen, daß die dunkeläugigen Aufgehellten die Dänische-Rezessive-Schecken-Form der Dominanten Hellschwingen sind, die vollkommen aufgehellte Vögel ergibt. Hierauf wird später noch näher eingegangen.

Normale

Im vorangegangenen Kapitel beschrieb ich die Wege der Vererbung einiger Farbschläge von Wellensittichen und will dies nun weiter ausführen. Wellensittiche können grob in zwei Kategorien eingeteilt werden: in die normalen und die seltenen Farben. Jedoch ist die Scheidelinie gegenwärtig sehr in Bewegung, so daß die Leser mir verzeihen müssen, wenn ich bestimme, welches eine seltene und welches eine normale Farbe ist.

Wir haben gesehen, daß der wilde Grüne, aus dem alle anderen Farben entstanden sind, dominant ist über diese alle, und das ist es, was man erwarten würde. Wir haben auch entdeckt, daß in jeder Grün- und Blaureihe drei Farbschattierungen infolge des Vorhandenseins oder Fehlens des Dunkelfaktors auftreten können. Dies wurde schon vorher erklärt, so daß der Züchter jetzt weiß, wie sich bestimmte Farben in die Gesetze der Dunkelfaktor-Vererbung einfügen, wenn sie nur erwähnt werden.

Das Züchten des Wildtyps oder normal Grünen ist sehr einfach. Hellgrün × Hellgrün ergibt nur hellgrüne Junge, mit der nicht auszuschließenden vagen Möglichkeit einer Mutation. Hingegen muß ich zu diesem Punkt sagen, daß es immer möglich ist, von jeder Verpaarung und zu jeder Zeit eine Mutation zu erhalten, entweder eine vorhandene oder eine ganz neue. Es gibt äußerst wenig schriftlich festgehaltene echte Mutationen. Die meisten Fälle, in denen unerwartet seltsame Farben erschienen, können durch nicht reine Eltern erklärt werden. Wenn jedoch eine ungewöhnliche Farbe in einem Nest auftritt, die der Züchter nicht bestimmen kann, sollte er sich die Meinung eines erfahrenen Züchters anhören, gerade für den Fall, daß es vielleicht etwas Neues ist.

Aus der Grünreihe sind wohl die Dunkelgrünen züchterisch am interessantesten. Wenn zwei solcher Vögel verpaart werden, entstehen alle drei Grünschattierungen, d. h. Hell-, Dunkel- und Olivgrün. Da der Dunkelfaktor unvollständig dominant ist, können Dunkelgrüne sich nie rein vermehren, wenn sie zusammen verpaart werden. Aber die Hellgrünen und Olivgrünen aus dieser Verpaarung können es. Bei der Verpaarung von zwei Olivgrünen entstehen nur olivgrüne Junge, und diese sind reinerbig; das gleiche gilt für Hellgrüne.

Die rezessive Form der Grünen sind die Gelben. Hier finden wir wieder drei verschiedene Schattierungen der Körperfarbe. Zusätzlich bestehen sehr große Unterschiede in der Reinheit der Farbe. Aus der Sicht des Ausstellungszüchters sind gute Gelbe vollständig rein gelb mit nur sehr blasser Geisterzeichnung auf den Flügeln. Andererseits gibt es Gelbe mit starkem grünem Anflug auf dem Körper und deutlich erkennbarer Flügelzeichnung. Diese Vögel sind auch Gelbe im eigentlichen Sinne, obgleich sie dem Ausstellungsstandard nicht entsprechen. Außer den Hellgelben gibt es also Dunkelgelbe und Olivgelbe, der erstere mit einem, der letztere mit zwei Dunkelfaktoren.

Die Dunkelgelben und Olivgelben sind zwei sehr interessante Gruppen und werden heutzutage nicht im Überfluß gezüchtet. Daher bieten sie neuen Züchtern ein gutes Feld für Experimente in bezug auf Farbreinheit. Wenn Dunkelgelbe und olivgelbe aus denselben Linien wie die Hellgelben Ausstellungsvögel gezüchtet werden könnten, dürften einige sehr farbkräftige Vögel das Ergebnis sein.

Wenn Hellgelbe mit Hellgrünen eingekreuzt werden, entstehen nur hellgrüne Junge, die aber spalterbig in Gelb sind. Die Verpaarung zweier dieser Hellgrün/Gelben miteinander ergibt das bekannte Mendelsche Verhältnis 1:2:1, d. h. 25% Hellgelbe, 50% Hellgrün/Gelbe und 25% Hellgrüne. Der

Dunkelfaktor kann in das Schema eingeschlossen werden. Die Farben ergeben sich in genau demselben Verhältnis, aber mit zusätzlicher Variation der Dunkeleigenschaft, wie im vorherigen Kapitel besprochen.

Die nächste normale Varietät, mit der wir uns befassen wollen, ist der Grauflügel-Hellgrüne. Diese Vögel sind nicht, wie man zunächst annehmen möchte, das Ergebnis einer Kreuzung Hellgelber mit Hellgrünen, sondern eine bestimmte Mutation. Die Grauflügel verhalten sich rezessiv gegenüber normalen Hellgrünen, und bei diesen Kreuzungen sind alle Jungen Hellgrün/Grauflügel. Wenn man die Grauflügel-Hellgrünen mit Gelben verpaart, nehmen sie die dominante Stellung ein, und es fallen lauter Grauflügel-Hellgrün/Gelbe. Manche Züchter wird es interessieren zu erfahren, daß bei Verpaarungen von Hellgrün/Grauflügeln mit Hellgelben dieselben Farben erzielt werden, als ob Grauflügel-Hellgrüne benutzt wären. Dies erklärt, daß der Grauflügel dominant ist über Gelb, und ebenso ist es nicht möglich, daß ein Normal-Grüner gleichzeitig spalterbig in Grauflügel und Gelb sein kann. Es können natürlich alle drei Farbschattierungen der Grauflügel-Grünen vorkommen. Die Zuchterwartungen können nach dem gleichen Schema der Grünreihe errechnet werden.

Ein interessantes und ziemlich faszinierendes Ergebnis erhält man bei Kreuzungen von Grauflügeln mit einer verwandten Gruppe, die als Hellflügel benannt ist. Hellflügel in der Grünreihe werden Gelbflügel genannt. Wir haben gesehen, daß aus Verpaarungen von Grauflügeln mit Hellgelben alle Jungen Grauflügel-Hellgrün/Gelbe sind. Wenn Gelbflügel-Hellgrüne mit Hellgelben verpaart werden, fallen nur Gelbflügel-Hellgrün/Gelbe. Wenn jetzt ein Grauflügel mit einem Gelbflügel verpaart wird, passiert etwas sehr Ungewöhnliches. Die hieraus entstehenden Jungen sind eine Kombination aus beiden Eigenschaften in einem Vogel. Alle Jungen aus dieser Verpaarung sind bekannt als in der Körperfarbe kräftige Grauflügel, da sie in der Tat von ziemlich normaler Körperfarbe sind, mit den üblichen grauen Flügeln. Wenn solche Vögel mit Hellgelben verpaart werden, ergibt das 50% von jeder Art, d. h. 50% Gelbflügel-Hellgrün/Gelbe und 50% Grauflügel-Hellgrün/Gelbe. Sie zeigen deutlich, daß sie eine Kombination aus diesen beiden Eigenschaften sind.

Wenn aus den normalen Hellgrünen der gelbe Farbstoff verschwindet, so haben wir Himmelblaue. Diese Mutation trat vor vielen Jahren zum ersten Mal auf. Aus Verpaarungen von zwei Himmelblauen erhält man nur Himmelblaue Junge, wie bei den reinen Hellgrünen. Wenn ein Dunkelfaktor hinzukommt, erhält man die wunderschönen Kobaltvögel und bei zwei Dunkelfaktoren die noch dunkleren mauvefarbenen. Hier sind es wohl wieder die Kobaltvögel, die züchterisch am meisten interessieren. Verpaart man zwei von ihnen miteinander, so erhält man alle drei Schattierungen in dem bekannten Verhältnis 1:2:1. Wenn man nur Kobaltvögel züchten möchte, kann dies nicht durch die Verpaarung zweier kobaltfarbener Eltern geschehen, sondern man muß einen Himmelblauen mit einem Mauvefarbenen verpaaren. Aus solch einer Verpaarung erhält man lauter Kobaltvögel. Dies ist tatsächlich der einzige Weg, um das gewünschte Ergebnis zu erzielen. Wenn Kobalt mit Mauve verpaart wird, ergeben sich beide Farben zu gleichen Teilen.

Der in der Blaureihe dem Hellgelben entsprechende Vogel ist der Weißhimmelblaue. Dieser Farbschlag trat zum ersten Mal bei einer Kreuzung von Hellgelben mit Himmelblauen auf und vererbt doppelt rezessiv in der zweiten Generation. Die Weißhimmelblauen variieren wie die Gelben mit Anflug als entsprechende Vögel in der Grünreihe stark in ihrer Farbreinheit. Im ganzen gesehen neigen sie mehr dazu, einen mittleren bis starken Anflug als eine rein weiße Körperfarbe zu zeigen. Sie können ebenso in den drei bekannten Farbschattierungen vorkommen. Viele schöne Vögel entstehen durch den Dunkelfaktor, wie Weißkobalt und Weißmauve.

Grauflügel-Himmelblaue können leicht gezogen werden, wenn man den Blaufaktor in die Grauflügel-Hellgrünen einkreuzt. Dies erreicht man auf zwei Wegen: Entweder nimmt man Himmelblaue oder Weißhimmelblaue. Bei Kreuzungen aus Grauflügel-Hellgrün mit Himmelblau erhalten wir Hellgrün/Grauflügel-Blaue. Zwei dieser spalterbigen Vögel wiederum miteinander verpaart bringen beides, Grauflügel-Grüne und Grauflügel-Himmelblaue. Wenn einer dieser Hellgrün/Grauflügel-Blauen mit einem normalen Weißblauen verpaart wird, erhalten wir einen viel größeren Prozentsatz Grauflügel-Himmelblaue. Alle diese Vögel sind natürlich spalterbig in Weiß. Andererseits entstehen aus Verpaarungen von Grauflügel-Hellgrünen mit Weißhimmelblauen lauter Grauflügel-Hellgrün/Weiße. Bei Rückverpaarungen mit Weißen ergeben sich Grauflügel-Hellgrün/Weiße, Grauflügel-Himmelblau/Weiße sowie normale Hellgelb/Weiße und Weißhimmelblaue. Die Grauflügelblaureihe erscheint ebenfalls in allen drei Farbschattierungen und bildet eine hübsche Sammlung.

Es ist noch immer ein strittiger Punkt, ob die Graureihe und die Violettreihe als Normale angesehen werden können oder nicht. Dies ist ein Punkt, auf den man achten muß, wenn es auf Ausstellungen darum geht, in welcher Klasse bestimmte Vögel angemeldet werden müssen. Es gibt Graue von allen normalen Grünen und Blauen, einschließlich Grauflügeln, Weißen und Gelben. Das Gleiche gilt für die Violetten. Hier besteht jedoch ein kleiner Unterschied aufgrund der Schattierungsvariationen. Die Graueigenschaft in grünen Vögeln bringt graugrüne Farben hervor, die in ihrer Tiefe variieren entsprechend der Varietät (Dunkeleigenschaft), in der sie verpaart wurden. Beim Einkreuzen des Graufaktors in die Blaureihe verhält es sich ähnlich. Die Vögel haben einen abgestuften grauen Farbton entsprechend der Anzahl der Dunkelfaktoren. Bei den Violetten ist es nur eine bestimmte Gruppe der Kobaltvioletten, die den wunderschönen visuellen Violettfarbton im Gefieder zeigt. Alle anderen Vögel mit Violetteigenschaft variieren zwar in der Farbe, erscheinen aber nicht als Violette. Die Grünreihe kann die Violetteigenschaft in ihrer genetischen Struktur ebenfalls tragen, doch die Vögel selbst erscheinen noch Grün, obgleich es ein außergewöhnliches Grün sein kann. Ich werde noch mehr über Vögel mit Violetteigenschaft und ihre Zucht in einem späteren Kapitel berichten. Die Graueigenschaft und Violetteigenschaft sind beide dominant. Kein Vogel kann sie spalterbig tragen.

Abbildungen: 1–12, 14, 17, 19

Gelbflügel und Weißflügel (Hellflügel)

Die Gruppe der Hellflügel unter den Wellensittichen umfaßt die Varietäten, die als Gelbflügel und Weißflügel bekannt sind, mit allen verschiedenen Körperfarben. Sie sind eine bestimmte und separate Mutation und dürfen nicht mit normalen Gelben und normalen Weißen mit starkem Anflug verwechselt werden. Genetisch gesehen verhalten sie sich rezessiv gegenüber der normalen Grün- und Blaureihe (einschließlich Falben), sind aber dominant über Gelbe und Weiße. Mit der Grauflügeleigenschaft vereinigen und bilden sie einen neuen visuellen Typ, den Grauflügel mit intensiver Körperfarbe (englisch: full body-coloured Greywing), auf den ich später noch näher eingehen werde.

Wie ihre Gruppe und der individuelle Name schon bezeichnen, müssen Vögel dieser Mutation entweder gelbe Flügel oder weiße Flügel mit einer dem Normalvogel sehr ähnlichen Körperfarbe gemäß der jeweiligen Varietät haben. Ein fehlerloser Gelbflügel-Hellgrüner z. B. müßte daher rein gelbe Flügel, Kopf und Nacken, einen hellgrünen Körper und blauen Schwanz haben. Wie nicht anders zu erwarten, kommen ausgesprochen wenig Vögel an diese Vollkommenheit heran. Es ist der Wunsch ihrer Züchter, die Ausstellungsstämme in Farbe, Typ und Größe zu verbessern. Zu diesem Zweck wurde in Großbritannien ein spezieller Verein gegründet, „Die Hellflügel-Wellensittich-Züchter-Vereinigung“ (The Clearwing Budgerigar Breeders Association). Unter der Führung dieses Vereins hofft man, das gesamte Niveau dieser Gruppe stetig anzuheben und mehr von diesen wunderschön gefärbten Vögeln zu züchten und auszustellen.

Alle die verschiedenen normalfarbigen Arten der Hellflügel vererben auf dieselbe Weise. Sobald ein Züchter ihre Vererbungsregeln in einer Farbe verstanden hat, kann er die theoretischen Zuchterwartungen der anderen Farben leicht errechnen.

Wir haben gehört, daß die Hellflügeleigenschaft sich rezessiv gegenüber Normalvögeln verhält. Daher kann jeder normalfarbene Vogel spalterbig in Hellflügel sein. Wir wissen auch, daß die Hellflügeleigenschaft sich dominant gegenüber Gelben und Weißen vererbt. Natürlich können Hellflügel spalterbig in diesen Farben sein. Ein sehr wichtiger Punkt hinsichtlich dieser Vögel, den man immer bedenken muß, ist, daß ein normalfarbener Vogel, ganz gleich von welcher Farbe, niemals zugleich spalterbig in Hellflügel und Gelb (oder Weiß) sein kann. Diese Kenntnis ist bei Testverpaarungen von normalen Vögeln für den Züchter von großem Wert, um festzustellen, ob sie spalterbig in Hellflügel sind. Wird ein Hellgrüner mit einem Hellgelben verpaart und erhält man nur Hellgrüne und Hellgelbe Junge, so sind die Eltern mit Sicherheit *nicht* spalterbig in Hellflügel. Fallen aus einem anderen Vogel vom gleichen Phänotyp, verpaart mit einem Hellgelben, z. B. Hellgrün- und Gelbflügel-Hellgrün-Junge, so ist hiermit bestätigt, daß der Hellgrüne spalterbig in Hellflügel ist.

Gelbflügel oder Weißflügel können eine einfache oder doppelte Eigenschaft besitzen ohne Unterschied im Phänotyp. Der Unterschied liegt nur in den Zuchtmöglichkeiten.

Einige theoretische Beispiele werden dies verdeutlichen: Wenn ein Gelbflügel-Hellgrüner mit Doppelfaktor mit einem Hellgelben verpaart wird, so ergibt dies nur Gelbflügel-Hellgrün/Gelb-Junge. Wäre er hingegen spalterbig in Gelb, dann würden je die Hälfte der Jungen Gelbflügel-Hellgrün-Gelbe und normale Hellgelbe sein. Wenn zwei Gelbflügel-Hellgrün/Gelbe miteinander verpaart werden, erhält man ein theoretisches Ergebnis von 25 % Hellgelben, 50 % Gelbflügel-Hellgrün/Gelbe und 25 % reine Gelbflügel-Hellgrüne. Dies ist das bekannte Mendelsche Verhältnis, das man aus einer solchen Verpaarung immer erwarten kann. Wenn andererseits das Paar aus zwei Hellgrün/Gelbflügeln besteht, so sieht das theoretische Ergebnis folgendermaßen aus: 25% reine Hellgrüne, 50% Hellgrün/Gelbflügel und 25% Gelbflügel-Hellgrüne. Ein ähnliches farbliches Ergebnis würde man erhalten, wenn ein Elternvogel Hellgrün/Gelbflügel und der andere Hellgrün/Gelb ist. Der Genotyp der Jungen aus einer solchen Verpaarung wäre sehr abweichend. Sie würden aus Hellgrünen, Hellgrün/Gelben, Hellgrün/Gelbflügel und Gelbflügel-Hellgrün/Gelben bestehen.

Die Weißflügel vererben in genau derselben Weise wie die Gelbflügel und können wie diese die Eigenschaft ebenfalls als Einzel- oder Doppelfaktor tragen. Ein Weißflügel-Himmelblauer z. B., verpaart mit einem Weiß-Himmelblauen, bringt nur Junge mit Einzelfaktor, d. h. Weißflügel-Himmelblaue, spalterbig in Weiß. Verpaart man hiervon einen Vogel mit einem Weiß-Himmelblauen, so ergibt dies 50 % Weißflügel-Himmelblau/Weiße und 50% Weiß-Himmelblaue.

Aus einer Verpaarung Weißflügel-Himmelblau mal Normal-Himmelblau entstehen lauter Himmelblau/Weißflügel. Aus Weißflügel-Himmelblau mal Normal-Weiß entstehen Himmelblau/Weiße und Weißflügel-Himmelblau/Weiße. Der Dunkelfaktor wirkt sich wie üblich aus. Es können alle drei Farbschattierungen in der Weißflügelgruppe vorkommen.

Wir haben gesehen, wie die Gelbflügel und Weißflügel sich übertragen. Sie vererben nach dem normalen Vererbungssystem. Für die Fortpflanzung der in der Farbe besten Vögel nimmt man allgemein an, daß Gelbflügel-Grüne (oder Gelbe) immer mit Weißflügel-Blauen (oder Weißen) verpaart werden sollten, um die Klarheit der Farbe zu erhalten. Gleichzeitig ist es wichtig, jedes Paar nach guter Haltung, Größe und Typ zusätzlich zur Farbe auszuwählen. Die für Zuchtzwecke ausgewählten Vögel sollten möglichst saubere Flügel und gleichzeitig die tiefste Brustfarbe haben, die im Stamm vorkommt. Wenn eine dieser Eigenschaften an einem Vogel nicht besonders gut ist, sollte man immer den mit der saubersten Flügelfarbe auswählen, auch auf Kosten der Farbtiefe der Brust.

Einige sehr hübsche Weißflügel in allen drei Farbschattierungen können durch Einkreuzen der Gelbgesicht-Eigenschaft erzielt werden. Diese Vögel sind als Gelbgesicht-Weißflügel bekannt. Die Gelbgesicht-Eigenschaft kann entweder durch Gelbgesicht-Blaue oder die weniger bekannten Gelbgesicht-Weißen eingekreuzt werden. Nehmen wir an, ein Gelbgesicht(Einzelfaktor)-Himmelblauer ist mit einem Weißflügel-Himmelblauen verpaart, dann werden die Jungen davon Himmelblau/Weißflügel und Gelbgesicht-Himmelblau/Weißflügel. Verpaart man letzteren mit einem Weißflügel-Blauen oder Weiß-Blauen, dann werden 25% der Jungen die gewünschten Gelbgesicht-

Weißflügel-Himmelblauen. Es gibt jedoch ein Problem beim Einkreuzen der Gelbgesicht-Eigenschaft in die Hellflügel. Die Gelbgesicht-Eigenschaft führt zu einer dunkleren Flügelzeichnung, als sie in dieser besonderen Varietät gewünscht wird. Es kann jedoch möglich sein, daß nach vielen Jahren sorgfältiger Auswahl Gelbgesicht-Hellflügel mit wirklich reiner Flügelfarbe gezüchtet werden.
Eine weitere interessante Art der Hellflügel entsteht durch den Opalincharakter, der zu opalinen Hellflügeln der Grün- und Blaureihe führt. Diese Vögel haben eine intensive brilliante Körperfarbe mit der charakteristischen Opalinzeichnung auf den Flügeln, welche den gleichen Farbton des Körpers haben. Dies gibt eine Gesamtwirkung bei einigen Vögeln, die im Englischen als „Self" bezeichnet wird. Diese „Selfs" sind sehr schön und intensiv in der Farbe, obgleich sie den Hellflügelcharakter natürlich verloren haben. Dieser Verlust gleicht sich aus durch den leuchtenden klaren Mantel und blaue oder grüne Flügelzeichnung. Bei sorgfältiger Auswahl über einige Generationen können sehr schöne „Selfs" gezüchtet werden. Aber es fallen dabei natürlich auch zahlreiche Vögel, die nur halbwegs die gewünschte Farbe tragen. Alle Vögel der Blaureihe können zur Zucht der „Regenbogenfarbigen" verwendet werden, wenn es der Züchter beabsichtigt.

Abbildungen: 13, 20, 33

Gelbgesicht-Blau-Reihe

Bevor die Gelbgesicht-Blau-Mutationen bekannt waren, hatte man immer angenommen, daß Wellensittiche nicht mit gelben und weißen Federn an einem Vogel gezüchtet werden könnten. Das Auftreten der Gelbgesicht-Blau-Mutationen zu ungefähr der gleichen Zeit in verschiedenen Teilen der Welt brachte den Züchtern eine angenehme Überraschung. Als die Zahl dieser Gelbgesicht-Blau-Vögel anstieg, erkannte man, daß verschiedene Arten existierten. Sie hatten dennoch ausgesprochen ähnliche Farben. Diese Gelbgesicht-Blau-Eigenschaften kann in der Blaureihe jeder Vogel als Einzel- oder Doppelfaktor tragen. Die Mehrzahl der heutigen Vögel besitzt sie jedoch als Einzelfaktor.
Gegenwärtig sind zwei unterschiedliche Arten von Gelbgesicht-Vögeln nachgewiesen und anerkannt. Sie sind bekannt als die Mutationen Typ I und Typ II. Es sind auch noch andere Arten und Kombinationen bekannt. Diese sind aber noch nicht vollständig erforscht. Alle Gelbgesicht-Eigenschaften

sind in der Blaureihe dominant, aber in der Grünreihe natürlich rezessiv. Die Mutation Gelbgesicht-Typ I zeigt Gelb im Gesicht, am Flügelbug und am Schwanz, gelegentlich auch als Überhauch unter der Maske. Diesen Typ wünscht man sich für Ausstellungszwecke. Die Mutation Typ II zeigt einen stärkeren gelben Anflug. In einigen Exemplaren verteilt sich das Gelb über den ganzen Körper, so daß er ein eigenartiges seegrünes Aussehen bekommt. Unter bestimmten Lichtverhältnissen sind manche Exemplare außerordentlich schwierig von normalen Grünen zu unterscheiden, und dies hat zu Mißverständnissen geführt. Bei der Mutation Typ I ereignet sich etwas Seltsames, wenn Vögel mit Doppelfaktor gezüchtet werden. Diese Doppelfaktor-Vögel haben weiße Gesichter und erscheinen wie normale blaue Vögel. Verpaart man sie jedoch mit wirklichen normalen Blauen, so haben alle Jungen gelbe Gesichter und sind natürlich Gelbgesicht-Blaue mit Einzelfaktor. Diese Eigenartigkeit führte die Züchter einige Jahre lang irre, bis eine Artikelserie in der englischen Vogelzeitung „Cage and Aviary Birds" verfaßt von Matt Bender, Dr. J. Eugenc Fox, Dr. G. T. Taylor, C. Warner und C. H. Rogers, hierüber Klarheit brachte.

Mutation-Typ II-Vögel mit Doppelfaktor scheinen von der Beobachtung her stärkeren grünen Anflug zu haben als solche mit Einzelfaktor. Meistens werden Vögel von Typ I und Typ II nur mit Einzelfaktor gezüchtet, da man Gelbgesicht-Vögel gewöhnlich mit normalen Blauen verpaart, so daß je 50% fallen. Diese Praxis wird bei den Züchtern größtenteils in der Absicht angewendet, die allgemeine Qualität ihres Stammes zu verbessern. Das erreicht man am besten, wenn nur erstklassige Normalvögel eingekreuzt werden.

Es gibt Gelbgesicht-Arten von allen in der Blaureihe vorkommenden Vögeln. Diese umfassen die rotäugigen und schwarzäugigen Weißen, sowie die Schekken. Durch experimentierfreudige Züchter sind viele wunderschöne Wellensittiche gezüchtet worden. Vielleicht ist eine der farbintensivsten Gelbgesicht-Kombinationen der Gelbgesicht-Opalin-Hellflügel, unter Züchtern bekannter als „Regenbogenfarbiger" (Rainbow), aufgrund seiner leuchtenden und abwechslungsreichen Färbung. Die Rainbows erhält man durch Kombination der Opalin-, Hellflügel- und Gelbgesicht-Eigenschaften in einem Vogel. Es gibt viele unterschiedliche Verpaarungsmöglichkeiten, die diese Farbkombination in variierenden Prozentsätzen hervorbringen. Einige wenige Beispiele sind nachstehend aufgeführt. Sie sind alle von mehreren Züchtern erprobt.

1. Opalin-Weißflügel-Himmelblauer Hahn × Gelbgesicht-Weißhimmelblauer Henne

2. Weißflügel-Himmelblau/Opaliner Hahn × Gelbgesicht-Himmelblau/Weißer Henne
3. Gelbgesicht-Weißflügel-Himmelblau/Opaliner Hahn × Weißflügel-Himmelblauer Henne
4. Gelbgesicht-Himmelblau/Opalin-Weißflügel Hahn × Opalin-Himmelblau/Weißer Henne

Die verschiedenen Farbschattierungen der Blaureihe können natürlich auf diese und andere Verpaarungen angewendet werden. Dadurch ergeben sich weitere Variationen der Rainbows. Regenbogenfarbige gibt es in allen verschiedenen Farbtiefen, einschließlich der Grauen, Schieferfarbenen und Violetten. Es sind jedoch allgemein die Himmelblauen, Kobalt und Violett-Himmelblauen und Violetten, die in der Gesamtfarbwirkung am schönsten aussehen. Natürlich fallen in der Zucht auch einige andere Farbschattierungen. Diese sind ebenfalls vorteilhaft für die Zucht der Rainbows in den gefragten Farben zu gebrauchen. Wo immer möglich, sollte man die Graueigenschaft in der Zucht der Rainbows vermeiden. Die daraus gezogenen Vögel sind sehr dumpf bzw. glanzlos und werden dem Namen Rainbow nicht ganz gerecht, obgleich sie die volle Kombination aller Eigenschaften besitzen.

Die Gelbgesicht-Eigenschaften kann jeder Vogel der Grünreihe tragen. Züchter benutzen solche Exemplare oft zum Verbessern der gesamten Qualität der Gelbgesichter. Wie nicht anders zu erwarten, erscheinen solche Vögel als Normale der Grünreihe. Ihre besonderen Eigenschaften kommen nur bei der Nachzucht zum Vorschein oder sind dem Besitzer durch Kenntnis ihrer Abstammung bekannt.

Diese Vögel der Grünreihe mit Gelbgesicht-Eigenschaft und die Gelbgesichter der Blaureihe mit sehr starkem grünen Anflug haben in der Vergangenheit die Züchter aufgrund der völlig unerwarteten Zuchtergebnisse verwirrt. Ich habe bereits ausgeführt, daß die stark überhauchten Gelbgesichter immer an der Blaufärbung unter dem Flügelbug erkannt werden können. Aus solch einem Vogel, verpaart mit einem aus der Blaureihe, fallen natürlich nur Gelbgesichter und Blaue, obgleich er „grün“ zu sein scheint. Grüne Vögel mit Gelbgesicht-Eigenschaft erweisen sich immer als mysteriös, bis der Züchter die Fortpflanzungsmethode dieser besonderen Eigenschaft richtig erkannt hat.

Während der letzten Jahre sind in nahezu der gesamten Blaureihe sehr schöne Gelbgesichter gezüchtet worden. Viele eindrucksvolle Exemplare sind jedes Jahr auf den Ausstellungen zu sehen. Ohne Zweifel ist es sehr dienlich, die Gelbgesichteigenschaft in jeden zuverlässigen Stamm einzukreuzen, um eine besondere Variation zu besitzen, ohne dabei zu weit von den Normalen abzuweichen.

Abbildungen: 37–42

Falben

Es ist heute bekannt, daß zumindest drei verschiedene Arten von Falben mit jeweils der gleichen Körperfarbe und Flügelzeichnung existieren. Die allererste Falb-Mutation trat in Amerika auf, wurde aber unglücklicherweise zu der Zeit nicht gefestigt, und es dauerte viele Jahre, bis sie dort erneut erschien. Den ersten gefestigten Stamm von Falben gab es in Deutschland. Von dort aus verbreiteten sie sich schnell in alle Teile der Welt und wurden Deutsche Falben genannt. Nachdem dieser Stamm einige Jahre bestand, erschien in England eine andere Falbenart, die nach ihrem Ursprung Englische Falben genannt wurde. Obgleich sich diese Vögel farblich sehr ähnlich sehen, unterscheiden sie sich durch die Farbe der Augen. Die Deutschen Falben haben einen hellen Irisring, während die Englischen Falben lebhafte, kräftigrote Augen zeigen. Diese beiden Varietäten sind daher einfach zu unterscheiden, indem man auf die Farbe der Augen achtet. Andere Arten von Falben traten in Schottland, Australien, Südafrika und Amerika auf, aber ihre Verwandtschaft mit den zwei gefestigten Typen ist noch nicht ganz geklärt.

Eine Tatsache versetzte viele Züchter von Zeit zu Zeit in Erstaunen, daß aus der Verpaarung eines Deutschen Falben mit einem Englischen Falben lauter Vögel mit normalen schwarzen Augen fallen, obgleich beide Eltern rote Augen haben. Diese Vögel tragen die Eigenschaft beider Falb-Arten. Bei Verpaarungen mit beiden Varietäten erhält man Falben der jeweiligen Art.

Die Vererbungsweise der Falben ist rezessiv und ziemlich einfach. Nach den Tabellen können die zu erwartenden Ergebnisse der jeweiligen Art errechnet werden, jedoch nur, wenn nicht beide Arten miteinander vermischt werden.

1. Falb × Falb ergibt 100% Falb
2. Normal × Falb ergibt 100% Normal/Falb
3. Normal/Falb × Falb ergibt 50% Normal/Falb und 50% Falb
4. Normal/Falb × Normal/Falb ergibt 25% reine Normale, 50% Normal/Falb und 25% Falb

5. Normal/Falb × Normal ergibt 50% Normal/Falb und 50% reine Normale

Obgleich die Falbenzucht heutzutage in England nicht sehr verbreitet ist, wird jedes Jahr eine ganze Reihe gezüchtet und auch ausgestellt. Auf den Ausstellungen sind sie immer ein beliebtes Diskussionsthema unter den Wellensittichzüchtern.

Ich halte die Falbenzucht für sehr faszinierend. Wenn die Züchter ein wenig Scharfsinn besitzen, können sie einige sehr interessante Kombinationen züchten. Durch die Kombination von Falb, Gelb (oder Weiß und Zimt) ist es möglich, Vögel zu züchten, die ihrer Erscheinung nach entweder Lutinos oder Albinos ähneln, da sie rote Augen haben und in ihrer Farbe rein gelb oder rein weiß sind. Diese „synthetischen“ Albinos und Lutinos riefen großes Interesse hervor, als sie zum ersten Mal gezüchtet wurden. Viele erfahrene Züchter kamen durch sie in Verlegenheit. Es ist nun schon einige Jahre her, daß dieser Typ gezüchtet wurde. Sie können aber zu jeder Zeit wieder auftreten, wenn die richtigen Vögel verpaart werden. Wenn die Gelbgesicht-Eigenschaft in die „synthetischen“ Albinos eingekreuzt wird, erhalten wir natürlich auch Gelbgesicht-Zimt-Weiße Falben.

Eine andere interessante Art von Falben kann aus der Kombination von Falb-, Opalin- und Grau-Eigenschaft gezogen werden. Dies kann in der deutschen und englischen Falbreihe erfolgen, und zwar mit Grünen wie auch Blauen Arten. Diese Kombination ergibt Falb-Opalin-Graue oder Falb-Opalin-Graugrüne. Die ersteren Vögel haben einen ziemlich weißen Körper, sehr hell gezeichneten Kopf und Nacken und bräunlich-graue Flügelzeichnung. Die Körperfarbe der letzteren ist ein ziemlich gleichmäßiges Gelb mit ähnlicher Flügelzeichnung. Diese beiden Arten sind in der Zucht sehr interessant und wirken sehr faszinierend. Solche Vögel wurden manchmal „Clearbodies“ (auf deutsch etwa: Hellbäuche) genannt, aber sie dürfen nicht mit der wirklichen amerikanischen Mutation der „Clearbodies“ verwechselt werden.

Ich glaube, daß die vielleicht schönste Farbe unter den normalen Falben Falb-Olivgrün ist. Die Körperfarbe dieser Vögel ist herrlich gold-orangegelb schattiert, was in den anderen Varietäten nicht zu finden ist. Leider sieht man heute nur sehr wenige davon. Ihre Zahl könnte sich schnell erhöhen, wenn jeder Züchter diese Rasse fördern würde. Wenn z. B. ein Züchter einen Falb-Hellgrün-Vogel besitzt, kann er ihn mit einem normalen Olivgrünen verpaaren und hieraus Dunkelgrün/Falbe erhalten. Solche Vögel wiederum miteinander verpaart ergeben 25% Falbe, von denen ein kleiner Prozentsatz

die gewünschten Falb-Olivgrünen sein werden. Sobald man ein paar solcher Vögel besitzt, ist es sehr einfach, sie zu vermehren und in ihrer Qualität zu verbessern.
Wie der Leser bemerkt hat, gibt es eine große Anzahl von Falben. Jeder, der sich für genetische Probleme interessiert, wird mit ihrer Zucht reichlich belohnt, besonders, da sie gleich nach dem Schlüpfen durch ihre roten Augen zu erkennen sind. Für den Züchter ist es sehr schön, wenn er schnell feststellen kann, ob die gewünschte Farbe erzielt wurde. Er braucht dann nicht erst die vollständige Befiederung der Jungen abzuwarten.

Abbildungen: 23, 24

Violett-Eigenschaft

Alle Wellensittichzüchter werden wohl mit mir übereinstimmen, wenn ich sage, daß unter den Violetten die farblich schönsten Wellensittiche zu finden sind. Die Violett-Eigenschaft verändert die Körperfarbe in jeder Varietät der Grün- und Blaureihe. Der wahre, lebhafte violette Farbton entsteht jedoch nur in Kombination mit bestimmten anderen Farbeigenschaften, d. h. mit dem Blau- und mit dem Dunkelfaktor. In allen anderen Kombinationen, bei denen der Violettfaktor vorhanden ist, ruft er nur eine Veränderung des Farbtons hervor.
Für den Züchter ist es sehr wichtig, sich stets daran zu erinnern, daß der Violettfaktor dominant vererbt. Jeder normalfarbene Vogel kann diese Eigenschaft daher nicht als spalterbig in seinem Erbbild tragen. Sogar normalfarbene Vögel, die aus einem oder auch zwei kobaltvioletten (visuell violetten) Eltern stammen, unterscheiden sich genetisch nicht von solchen, die aus zwei gewöhnlichen Normalen gezüchtet wurden. Die Idee, daß bestimmte Vögel spalterbig in Violett sein können, entstand noch, bevor die Vererbung dieser Eigenschaft bekannt war und von den Züchtern richtig verstanden wurde. Man nahm seinerzeit an, daß Kobaltviolette eine separate Farbe bildeten. Erschienen Kobaltviolette in Nestern aus der Verpaarung bestimmter Dunkelblauer, die aus Kobaltviolett × Normal-Kobalt oder Mauve gezüchtet waren, so dachte man, daß diese violetten Vögel tatsächlich spalterbig in Violett waren. Das gleiche wurde angenommen, wenn mauvefarbene Vögel aus ähnlichen Verpaarungen × Normal-Blau hervorgingen. Mit der Zeit entdeckte man jedoch, daß Himmelblaue und Mauvefarbene den Violettfaktor tragen können, und daß dadurch eine Abweichung im Farbton

entsteht. Da auch alle Vögel der Grünreihe den Violettfaktor besitzen können, veranlaßte auch dies die Züchter zu glauben, daß diese Vögel spalterbig in Violett seien.
Der Violettfaktor ist dominant. Dies heißt, daß jede Farbe und Varietät in einer Violettform gezüchtet werden kann, daß aber nur blaue Vögel mit einem Dunkelfaktor und mit einem oder zwei Violettfaktoren Kobaltviolette (visuelle Violette) sind.
Die Vererbung bei den Violetten ist sehr einfach und wird leicht verstanden, wenn nachstehende Tabelle genau gelesen wird (EF = Einzelfaktor, DF = Doppelfaktor):

1. Violett(EF)-Himmelblau × Mauve ergibt 50% Violett(EF)-Kobalt, 50% Kobalt
2. Violett(DF)-Himmelblau × Mauve ergibt 100% Violett(EF)-Kobalt
3. Violett(EF)-Himmelblau × Kobalt ergibt 25% Violett(EF)-Kobalt 25% Violett(EF)-Himmelblau, 25% Kobalt, 25% Himmelblau
4. Violett(DF)-Himmelblau × Kobalt ergibt 50% Violett(EF)-Kobalt, 50% Violett(EF)-Himmelblau
5. Violett(EF)-Himmelblau × Himmelblau ergibt 50% Violett(EF)-Himmelblau, 50% Himmelblau
6. Violett(DF)-Himmelblau × Himmelblau ergibt 100% Violett(EF)-Himmelblau
7. Violett(EF)-Kobalt × Himmelblau ergibt 25% Violett(EF)-Kobalt, 25% Violett(EF)-Himmelblau, 25% Kobalt, 25% Himmelblau
8. Violett(DF)-Kobalt × Himmelblau ergibt 50% Violett(EF)-Kobalt, 50% Violett(EF)-Himmelblau
9. Violett(EF)-Kobalt × Kobalt ergibt 12,5% Violett(EF)-Himmelblau, 25% Violett(EF)-Kobalt, 12,5% Violett(EF)-Mauve, 12,5% Himmelblau, 25% Kobalt, 12,5% Mauve
10. Violett(DF)-Kobalt × Kobalt ergibt 25% Violett(EF)-Himmelblau, 50% Violett(EF)-Kobalt, 25% Violett(EF)-Mauve
11. Violett(EF)-Mauve × Himmelblau ergibt 50% Violett(EF)-Kobalt, 50% Kobalt
12. Violett(DF)-Mauve × Himmelblau ergibt 100% Violett(EF)-Kobalt
13. Violett(EF)-Mauve × Kobalt ergibt 25% Violett(EF)-Kobalt, 25% Violett(EF)-Mauve, 25% Kobalt, 25% Mauve
14. Violett(DF)-Mauve × Kobalt ergibt 50% Violett(EF)-Kobalt, 50% Violett(EF)-Mauve

15. Violett(EF)-Mauve × Mauve ergibt 50% Violett(EF)-Mauve, 50% Mauve
16. Violett(DF)-Mauve × Mauve ergibt 100% Violett(EF)-Mauve

Die obige Tabelle dient zur Errechnung von theoretischen Zuchterwartungen in jeder besonderen Varietät, die den Violettfaktor oder eine Kombination ihrer Eigenschaft mit Violett trägt. Es ist klar ersichtlich, daß die Violett-Eigenschaft dominant ist. Sie kommt jedoch nur als visuelles Violett (Violett-Kobalt oder auch einfach Violett genannt) zum Ausdruck, wenn die notwendigen Eigenschaften in einem Vogel vereint sind. In Wirklichkeit ist ein Violett-Himmelblauer oder Violett-Mauvefarbener genauso gut ein Violetter wie der (visuelle) Violette, bzw. Violett-Kobaltfarbene, um sie bei korrekter Bezeichnung zu nennen. Aus der Tabelle ist ersichtlich, wie violette Vögel gezüchtet werden können, ohne daß ein Elternteil den Violettfaktor direkt sichtbar zeigt. Der erfolgreichste Weg, um nur visuelle Violette zu züchten, besteht in der Verpaarung von Violett-Himmelblau (DF) × Normal-Mauve oder Violett (DF)-Mauve × Normal-Himmelblau. Bei der Verwendung von Einzelfaktor-Vögeln entstehen nur 50% visuell violette Jungtiere.
Es ist sehr schwer, die genaue Farbe von Violett-Himmelblauen zu beschreiben, da sie in den einzelnen Stämmen variiert. Sie hängt sehr vom Aussehen der Himmelblauen ab, die für ihre Zucht benutzt wurden. Wie wir alle wissen, variieren Himmelblaue ganz beträchtlich in ihrer Farbtiefe. Zweifellos sind die farbkräftigeren die besseren Vögel für die Violettzucht. Kommen wir zu den Violett-Mauven, so sind auch diese etwas schwierig zu unterscheiden, obgleich man allgemein sagen kann, daß sie bestimmte violette Flecke zeigen, häufig am Oberschenkel und Bürzel. Die allgemeine Körperfarbe ist dabei weniger bleifarbig als bei den meisten normalen Mauve-Vögeln.
Wie schon zum Ausdruck gebracht, kann der Violettfaktor in der gesamten Grünreihe vorkommen. Es ist möglich, daß man grüne Vögel mit Violettfaktor erhält, und doch sind sie Grüne. Der Violettfaktor wirkt in solchen Fällen wie der Graufaktor bei den Graugrünen. Wir alle wissen von der Möglichkeit, daß Graugrüne nicht spalterbig in Blau zu sein brauchen, obwohl sie den Graufaktor tragen. Ebenso verhält es sich bei den violettgrünen Vögeln. Aber natürlich existieren hiervon nicht sehr viele, weil die Züchter Grüne mit Violettfaktor beständig in die Blaureihe einkreuzen. Versuchsverpaarungen haben gezeigt, daß Vögel der Grünreihe visuelle Violette vorteilhaft verbessern und ihnen die gewünschte Farbtiefe verleihen.
Hinsichtlich der tatsächlichen Farbe der Violett-Grünen ist zu sagen, daß

Violett-Hellgrün als blasses Dunkelgrün mit einem leicht gelblichen Unterflaum erscheint. Violett-Dunkelgrüne sind von kräftig dunkelgrüner Farbe, viel dunkler als normale Dunkelgrüne, und haben auch oft diesen gelblichen Schimmer. Obgleich nur sehr wenige Violett-Olivgrüne gezüchtet wurden, sind sie trotzdem ausgesprochen schöne Vögel und farblich von sehr dunkler, gleichmäßiger Schattierung. Alle diese Violett-Grün-Schattierungen sind deutlich gleichmäßiger und kräftiger im Farbton, als man sich vorstellen würde. Dies gilt insbesondere für die Dunkel- und Olivgrünen.
Ich habe schon gesagt, daß es Violettformen in allen bekannten Varietäten und Farben gibt. Man kann sich vorstellen, daß einige farblich sehr schöne Vögel entstehen, wenn der Violettfaktor in ihr Erbbild eingeschlossen wird. Violette Hellflügel, Opalin-Violette und Zimt-Violette haben ihren eigenen Reiz. Je mehr man von diesen Farben sieht, umso mehr entsteht in einem der Wunsch, sie zu züchten. Ich glaube sicher, daß immer mehr Züchter die Violetten in ihren Stamm aufnehmen werden, je weiter die Wellensittichzucht fortschreitet. Dabei ist es ganz gleich, ob sie diese Vögel nun für Ausstellungszwecke oder nur ihrer Schönheit wegen halten.

Abbildungen: 10, 58

Dänische Rezessive Schecken

Die erste Rasse echter Schecken, die in Großbritannien eingeführt wurde, waren die Dänischen Schecken. Der Originalstamm kam von C. af Enehjelm aus Finnland. Er sandte C. H. Rogers in Cambridge zwei Zuchtpaare. Von diesen Ausgangsvögeln stammt heute die Mehrzahl der in Großbritannien zu sehenden Vögel dieser Art ab. Einige weitere Exemplare wurden 1952 importiert, als die Einfuhrsperre für Papageien und Sittiche für kurze Zeit aufgehoben war.
Diese besonders attraktive Art von Schecken kann in jeder Varietät und Farbe vorkommen, und natürlich in den vielen Kombinationen. Die Züchter sind sich jedoch darin einig, daß mit den normalen Scheckenarten die besten Ergebnisse erzielt werden. Die Farben der Dänischen Schecken variieren beträchtlich, obgleich die Mehrzahl mehr oder weniger einer festgesetzten Farbkombination entspricht. Die meisten Exemplare zeigen einen Farbfleck auf den unteren Teilen ihres Körpers mit etwas dunkler Zeichnung, die fleckig auf Flügeln, Nacken und Kopf verteilt ist. Die Kehltupfen fehlen manchmal vollständig. Andere Vögel haben einen, zwei oder drei auf jeder Seite. Die Wangenflecken können stets in zwei Farben vorkommen, silbrig

und in der normalen violetten Farbe. Die Füße und Beine sind immer fleischfarben. Die Augen sind als besonderes Unterscheidungsmerkmal von tiefer Pflaumenfarbe ohne den hellen Irisring.
Wie ihr Name schon sagt, vererben die Rezessiven Dänischen Schecken rezessiv. Ein Dänischer Schecke, verpaart mit irgend einer anderen Farbe, bringt nur normalfarbene Junge hervor, die jedoch alle spalterbig für Dänische Schecken sind. Für die Vererbung dieser besonderen Eigenschaft gelten nachstehende Gesetze, die auf jede Farbe und Art rezessiver Schecken angewendet werden können:

1. Dänischer Schecke × Normal ergibt 100% Normal/Dänische Schecken
2. Dänischer Schecke × Normal/Dänischer Schecke ergibt 50% Dänische Schecken, 50% Normal/Dänische Schecken
3. Normal/Dänischer Schecke × Normal/Dänischer Schecke ergibt 25% Normale, 50% Normal/Dänische Schecken, 25% Dänische Schecken
4. Normal/Dänischer Schecke × Normal ergibt 50% Normal/Dänische Schecken, 50% Normale
5. Dänischer Schecke × Dänischer Schecke ergibt 100% Dänische Schecken

Die Normalen und Normal/Dänische Schecken können vom Aussehen her nicht unterschieden werden. In einigen Fällen zeigten spalterbige Vögel einen kleinen hellen Fleck am Hinterkopf, und seinerzeit dachten die Züchter, daß dies ein sicheres Unterscheidungsmerkmal sei. Dies trifft jedoch mit Sicherheit nicht zu. Ein Vogel mit diesem kleinen Fleck kann spalterbig sein oder rein. Man nimmt an, daß dieses Merkmal in der allerersten Zeit von C. H. Rogers über einen normalen Hahn, der diesen Fleck besaß, bei seiner Verpaarung mit Dänischen Schecken eingekreuzt wurde.
Es dauerte mehrere Jahre, bis die Dänischen Schecken nach ihrer Einfuhr wirkliche Fortschritte in der Entwicklung machten, und die begehrten Ausstellungspunkte erreichten. Einige farblich sehr schöne Exemplare wurden hier und da im Lande gezüchtet und halfen zweifellos, diese Schecken populär zu machen. Das Ausstellungswesen wurde durch die Gründung der „The Pied Budgerigar Society of Great Britain" (Die Schecken-Wellensittich-Vereinigung von Großbritannien) sehr gefördert, einer speziellen Gesellschaft, die sich nur um die verschiedenen Scheckenarten bemüht. Diese Vereinigung legte den Standard für Dänische Schecken und alle anderen Scheckenarten fest. Hierdurch erhielten die Züchter ein besseres Bild von den Anforderungen, die an einen Schauvogel gestellt wurden. Wirkliche Fortschritte wurden nach sorgfältigen Forschungsarbeiten erreicht, als man ent-

deckt hatte, daß Dänische Schecken vom Ausstellungsstandpunkt gesehen, nur mit spalterbigen Jungen aus ersten Kreuzungen von Normalen mit Dänischen Schecken verbessert werden konnten. Man sah, daß diese spalterbigen Vögel aus ersten Kreuzungen, die aus den besten Normalen × ausgesuchten Dänischen Schecken gezüchtet waren, genau so viele Schecken hervorbrachten und qualitativ besser waren, als spalterbige Vögel, die aus langjährigen Scheckenkreuzungen entstanden. Zum ersten Mal spalterbige Vögel werden aus Dänischen Schecken × Normalen gezüchtet.
Man hatte entdeckt, daß ein fortwährendes Verpaaren von Dänischen Schekken × Dänischen Schecken zu einem Verlust an Masse und einem Rückfall zum Wildtyp führte. Zur gleichen Zeit verminderten sich die Farbflecken bei einigen Vögeln aus diesen Verpaarungen sehr stark, und manche hatten weniger als 5% dunkle Zeichnung. Diese hellen Vögel scheinen hauptsächlich Hähne zu sein, wohingegen die Hennen seltsamerweise dazu neigen, zuviel dunkle Zeichnung zu zeigen. Wie bei allen Verpaarungen in jeder Farbe ist die Wahl der Ausgangsvögel für einen Stamm von großer Wichtigkeit. Dies gilt sowohl für die Schecken als auch für die Normal-Vögel, die für die Scheckenzucht benutzt werden sollen.
Viele der normalen Vögel der Graureihe haben sehr gute Schaueigenschaften und wurden häufig mit Schecken, einschließlich der Dänischen Schecken, gekreuzt. Dies hat in vielen Fällen zu einem Verlust des Farbglanzes geführt, der immer mit den Dänischen Schecken verbunden ist. Wenn ein Züchter erstklassige Vögel der Graureihe mit Dänischen Schecken verpaart, sollte er das nur periodisch tun, und wo immer möglich, die normalfarbenen Vögel aus diesen Verpaarungen vorzugsweise mit der Graureihe verpaaren.
Es ist möglich, einige farblich sehr schöne Schecken mit Violett-, Zimt- und Opalinfaktoren, sowie ihren Kombinationen zu züchten. Diese Kombinationen können durch die Gelbgesicht-Eigenschaft noch vervielfacht werden. Die zusätzlichen Eigenschaften verhalten sich genauso wie bei normalen Verpaarungen.
Einige Züchter dachten seinerzeit, daß Albinos und Lutinos die Farben der Schecken verbessern würden. Die Zuchtergebnisse haben jedoch erwiesen, daß diese Annahme absolut falsch war. Während eine Verbesserung der allgemeinen Farbe nicht erzielt werden konnte, brachte die Einkreuzung von Albinos und Lutinos auch noch deren Erbeigenschaften hinzu, welche die gewünschten Schecken verdeckten. Aus diesem Grund ist es nicht ratsam, irgendwelche rotäugigen Arten mit Dänischen Schecken oder anderen Scheckenarten zu verpaaren. Normale Weiße oder normale Gelbe mit Dänischen

Schecken zu verpaaren, ergibt Scheckenformen, die nicht attraktiv sind, weil ihnen der Farbkontrast fehlt.
Ohne Zweifel sind die normalen Typen die am meisten zufriedenstellenden und am besten aussehenden Dänischen Schecken. Diese können natürlich Violett- und Gelbgesicht-Eigenschaften einschließen. Es gibt eine ansehnliche Reihe von Möglichkeiten, Dänische Schecken in den obenerwähnten Arten zu verbessern und zu erhalten. Wie bei allen rezessiven Varietäten muß jedes Zuchtpaar ständig beobachtet werden, um feststellen zu können, daß aus der Verpaarung die bestmöglichen Ergebnisse erzielt werden.

Anmerkung: Dänische Rezessive Schecken sind dieselben wie Rezessive Schecken.

Abbildungen: 43–46, 48

Gelbschwingen, Weißschwingen und Holländische Schecken

Lange Zeit wurden auf dem Kontinent Vögel mit unterschiedlich großen hellen Zonen im Gefieder gezüchtet. Aber erst ungefähr 1940 entwickelte sich in Belgien die genau definierte Rasse der Hellschwingen. Gute, sauber gezeichnete Exemplare dieser Hellschwingen sind unverkennbar und können nicht einmal von Anfängern in der Zucht verwechselt werden. Sie haben einen hellen Fleck im Nacken, helle Schwingen und helle lange Schwanzfedern. Körper, Flügel usw. entsprechen der Farbe der jeweiligen Varietät. Man kann sich gut vorstellen, daß in solch einer musterhaft gezeichneten Varietät mit Sicherheit eine große Variationsbreite in der Zeichnung einzelner Vögel und Stämme besteht. Die idealen Vögel habe ich gerade beschrieben. Sie können von vielen verschiedenartigen Paaren gezüchtet werden, vorausgesetzt, daß ein Partner den Hellschwingen-Faktor besitzt. Diese Eigenschaft vererbt dominant. Eine Hellschwinge mit Einzelfaktor bringt Hellschwingen und Normale hervor, wenn sie mit einem Normalen verpaart wird. Es hat den Anschein, daß es weitaus einfacher ist, gut gezeichnete Hähne als Hennen zu züchten. Tatsächlich zeigen viele Hennen den Hellschwingenfaktor nur in dem hellen Fleck im Nacken. Diese Vögel sind genauso gut Hellschwingen wie gut gezeichnete Exemplare und können auch sauber gezeichnete Nachzucht hervorbringen, obgleich die Wahrscheinlichkeit hierfür geringer ist.
Die Hellschwingen-Eigenschaft vererbt dominant und zeigt sich im Phänotyp mit Einzel- oder Doppelfaktor gleich. Sie kann von keiner anderen

Farbe als spalterbig getragen werden bis auf die Albinos und Lutinos, die diese Eigenschaft verdecken können, und natürlich die dunkeläugigen Aufgehellten, auf die ich in einem späteren Kapitel noch näher eingehen werde. Wie man erwarten würde, gibt es Hellschwingen in der gesamten Grün- und Blaureihe, einschließlich der Gelbgesichter. Allgemein ist zu sagen, daß die gewöhnlichen Normalen mit Hellschwingen-Eigenschaft die besten Farbkontraste zeigen. Bei einigen Formen, insbesondere den blasseren Farben, ist die Hellschwingen-Eigenschaft nicht vorteilhaft. Trotzdem können einige sehr interessante Exemplare mit Kombination verschiedener Eigenschaften gezüchtet werden und dem Züchter viel Freude bereiten.

Einzelne Züchter haben ihre eigenen Vorstellungen, wie sie ideal gezeichnete Vögel züchten. Ich glaube, dies hängt teilweise mit gewissen Zuchtlinien zusammen, die gewisse Eigenheiten in der Zucht aufweisen. Im Verlauf von Experimenten stellte man fest, daß die Auswahl der Elternvögel eine wichtige Rolle für das Erreichen einer größtmöglichen Zahl an gut gezeichneter Nachzucht spielt. Zahlreiche Fälle ließen erkennen, daß die Nachzucht aus der Verpaarung eines annehmbar guten Hahnes mit einer Henne, die nur den hellen Nackenfleck besaß, gewöhnlich gut war. Viele Vögel waren fehlerlos oder fast fehlerlos gezeichnet. Da die Hellschwingen eine dominante Varietät darstellen, sind sie einfacher zu verbessern als rezessive Arten. Wenn erstklassige Normale als Ausgangspartner gewählt werden, besteht die Möglichkeit, einige wirklich gute Schauvögel zu züchten.

Es mag scheinen, daß einer der größten Fehler der Hellschwingen das Auslaufen der hellen Maske in die Vorderbrust ist. Außerdem zeigen einige Vögel Farbflecken auf Flügeln und im Nacken. Seinerzeit nahm man an, daß diese unterbrochen gemusterten Exemplare Holländische Schecken sind, eine Varietät, die in England Anfang der fünfziger Jahre auftrat. Sie schienen hauptsächlich von einem einzigen Vogel abzustammen, der aus Holland importiert war. Die genaue Herkunft des Vogels wurde nie ganz geklärt. Der Unterschied zwischen diesem Holländischen Schecken und der unterbrochen gemusterten Hellschwinge liegt darin, daß bei ersterem die Zucht von Hähnen und Hennen gleich einfach ist. Von diesen Holländischen Schecken existieren nur noch wenige. Einige von ihnen wurden mit den unterbrochen gemusterten Hellschwingen gekreuzt, so daß es schwierig ist, reine Exemplare zu finden. Dennoch erscheinen vereinzelt Vögel dieser Art gelegentlich auf Ausstellungen, wo sie in der Klasse der anderen dominanten Schekken konkurrieren. Ich muß hier noch hinzufügen, daß Holländische Schekken dominant vererben. Es gibt sie mit Einzel- oder Doppelfaktor bei Häh-

nen und Hennen, ohne Unterschied im Aussehen. Holländische Schecken haben allgemein 50% dunkle und 50% helle Zonen mit gleichmäßig unterbrochenem und über den ganzen Vogel verteiltem Farbmuster. Einige sehr schöne Vögel wurden in der Grün- und Blaureihe gezüchtet, einschließlich der Opalin- und Zimt-Formen. Ein weiterer Unterschied zwischen diesen und den Hellschwingen besteht in der Flügelfarbe, die bei den letzteren etwas gräulich sein kann, nicht jedoch bei den Holländischen Schecken.
Infolge der heutigen Seltenheit der Holländischen Schecken wird sehr wenig Experimentierarbeit mit dieser Varietät betrieben. Man weiß noch nicht, ob aus Verpaarungen mit Dänischen Schecken in der zweiten Generation dunkeläugige aufgehellte Vögel entstehen können.
Kehren wir zurück zu den Hellschwingen. Diese Varietät erfordert Kehltupfen. Alle Ausstellungsvögel müssen den vollständigen Satz von sechs Kehltupfen mit nicht unterbrochenen Wangenflecken aufweisen. Die Kehltupfen und die Ebenmäßigkeit der Farbmusterverteilung geben diesen Vögeln ihre besondere Anziehungskraft in der Voliere und im Schaukäfig. Züchter, die sich für dieses Farbmusterzüchten interessieren, sind gut beraten wenn sie Hellschwingen in ihrer Zucht halten. Da sie dominant sind, können sie mit Normalen gekreuzt werden, ohne auf die Reinheit der normal gefärbten Vögel einzuwirken, die auch aus ihnen hervorgehen. Mit anderen Worten, die Züchter brauchen spalterbige Vögel in ihren reinen Stämmen nicht zu fürchten.

Abbildungen: Weißschwinge 35; (Australisch) 36.
Gelbschwinge 54; (Australisch) 55.
Anmerkung: Holländische Schecken sind dieselben wie Dominante Schecken.

Abbildungen: 47, 49, 50

Dunkeläugige Rein Weiße und Gelbe

Bis zum plötzlichen Auftreten der dunkeläugigen hellen Arten versuchten die Züchter schon jahrelang, farblich völlig reine Vögel ohne irgendwelche Zeichnung zu züchten. Ihre Bemühungen hatten einen Teilerfolg, als Zimtformen bei den gewöhnlichen Weißen und Gelben auftraten. Obgleich einige dieser Vögel vielversprechend waren, hatten sie immer noch einen leichten Anflug und Geisterzeichnung im Gefieder, die auch durch Selektion nicht auszumerzen waren. Sogar die rotäugigen Albinos und Lutinos zeigten verschieden starken Anflug auf Bürzel und Flanken, wenn man sie unter bestimmten Lichtverhältnissen und insbesondere bei künstlichem Licht betrachtete.

Das Auftreten der dunkeläugigen Hellen wurde von den Züchtern sehr begrüßt, lange bevor ihre Vererbungsgesetze enträtselt wurden.

Dunkeläugige Aufgehellte sind völlig rein gelb oder rein weiß. Keine Spur von Anflug oder Zeichnung jeglicher Art ist bei irgendwelchem Licht auf ihrem Gefieder zu entdecken. Ihre Augen sind von kräftig dunkler Pflaumenfarbe ohne den hellen Irisring – daher ihr Name. Dies ist ein Unterscheidungsmerkmal gegenüber jeder anderen Rasse mit normalen schwarzen Augen.

Die ersten dunkeläugigen Hellen traten in Volieren auf, in denen Dänische Schecken und dominante kontinentale Hellschwingen gemeinsam brüteten. Hier stellte man fest, daß diese beiden sehr unterschiedlichen Scheckenarten sich irgendwie verpaarten und dabei rein weiße oder rein gelbe Vögel entstanden. Man fand rechtzeitig heraus, daß dunkeläugige Helle aus Verpaarungen von dominanten Hellschwingen × Dänischen Schecken hervorgingen und die hieraus entstehenden Hellschwingen wieder an die Dänischen Schekken zurückverpaart werden mußten. Dies ist alles sehr einfach, wenn die genauen Verpaarungen bekannt sind. Dann können dunkeläugige Helle auf Bestellung gezüchtet werden und viele Züchter finden hierin eine einfache Anwendung der Mendelschen Gesetze. Bis heute hat man noch keine befriedigende Erklärung gefunden, warum aus der Kombination zweier verschiedener Schecken völlig helle Vögel gezüchtet werden.

Dunkeläugige Helle können jede Farbe verdecken, so daß ein dunkeläugiger rein Weißer die dunkeläugige aufgehellte Form in Mauve oder Weißblau sein kann, dem Aussehen nach aber als rein Weißer erscheint. Bei den dunkeläugigen Gelben, die wiederum jede Varietät verdecken können, steht die verdeckte Farbe in gewisser Beziehung zum tatsächlichen Farbton des Gelbs. Ein dunkeläugiger Heller z. B., der Olivgrün verdeckt, ist tiefer und reicher in seiner Farbschattierung als einer, der, nehmen wir an, Hellgelb verdeckt. Es kann natürlich eine Gelbgesichtform der dunkeläugigen rein Weißen auftreten, die in der Farbe wieder entsprechend dem Typ der Gelbgesicht-Eigenschaft variieren kann, der zur Zucht benutzt wurde.

Die Vererbung der dunkeläugigen Hellen ist ziemlich einfach. Folgende Verpaarungen werden am häufigsten gewählt:

1. Hellschwinge (EF) × Dänischer Schecke ergibt 50 % Hellschwingen/Dänische Schecken, 50 % Normale/Dänische Schecken.

2. Hellschwinge (DF) × Dänischer Schecke ergibt 100% Hellschwingen (EF)/Dänische Schecken
3. Hellschwinge (EF)/Dänischer Schecke × Dänischer Schecke ergibt 25% Dänische Schecken, 25% Normale/Dänische Schecken, 25% Hellschwingen (EF)/Dänische Schecken, 25% dunkeläugige Helle
4. Dunkeläugiger Heller × Dänischer Schecke ergibt 50% Dunkeläugige Helle, 50% Dänische Schecken
5. Dunkeläugiger Heller (EF) × Dunkeläugiger Heller (EF) ergibt 50% Dunkeläugige Helle (EF), 25% Dänische Schecken, 25% Dunkeläugige Helle (DF)

Es gibt natürlich noch eine Anzahl weiterer Kreuzungen, die variierende Prozentsätze dunkeläugiger rein Aufgehellter ergeben. Das Erbbild der dunkeläugigen Hellen selbst kann variieren und wirkt sich natürlich auf den Prozentsatz ihrer Nachzucht aus. Aus der Verpaarung Nr. 5 ist ersichtlich, daß zwei dunkeläugige Helle tatsächlich Dänische Schecken hervorbringen können, wenn die Eltern eine bestimmte Kombination von Eigenschaften besitzen. Der Prozentsatz ist mit 25% Dänischen Schecken angegeben. Obgleich dies Ergebnis als Mittelwert für eine große Anzahl von Verpaarungen zutrifft, können bei einzelnen Verpaarungen geringfügige Abweichungen auftreten. Aus eigener Erfahrung kann ich sagen, daß ich aus Verpaarungen von dunkeläugigen Hellen untereinander nur dunkeläugige Helle erzielte. Andere Züchter hingegen bekamen auf diese Weise sowohl dunkeläugige Helle als auch Dänische Schecken.
Nach den Zuchtergebnissen, die ich bisher gesehen habe, entstanden die in Typ und Größe besten dunkeläugigen Hellen aus der Verpaarung ausgewählter Dänischer Rezessiver Schecke × Hellschwinge/Dänischer Rezessiver Schecke. Ich glaube, daß es noch sehr verfrüht wäre, dunkeläugige Helle miteinander zu verpaaren, da sie sich noch in der Entwicklung zu Schauvögeln befinden.

Abbildung: 57

Australische Dominante Schecken

Mit dem Auftreten der Australischen Schecken als Konkurrenz der bereits bestehenden Dänischen Schecken begann die Popularität der Schecken in Großbritannien. Der Wettbewerb zwischen diesen beiden Arten spornte das Interesse an. Die Schecken-Wellensittich-Vereinigung von Großbritannien förderte die Standardisierung sowie ihre Verbesserung hinsichtlich Farben und Typ. Die erste Australische Schecken-Mutation erschien etwa 1935 in Sydney, aber nicht vor Ende der fünfziger Jahre kamen solche Exemplare nach England. Nach erhaltenen Informationen scheinen die ersten Exemplare in einer Gesellschaft von verschiedenfarbigen Wellensittichen erkannt und ausgewählt worden zu sein. Man verpaarte sie mit qualitativ guten Schauvögeln. Zu der Zeit war über ihre Vererbung in diesem Land wenig bekannt, mit der Ausnahme, daß man eine dominante Vererbungsweise annahm. Infolge ihrer ansprechenden Farben und ihrer offenbaren Bereitwilligkeit zur Arterhaltung stieg ihre Zahl schnell an. Mit der zunehmenden zur Verfügung stehenden Menge gingen die Züchter rasch an die Arbeit und untersuchten viele Testverpaarungen. Während dieser Ausgangsexperimente wurden unglücklicherweise auch solche Varietäten wie Albinos, Lutinos, Lacewings, Weiße, Gelbe und Dänische Schecken in die Australischen Schekken eingekreuzt. Dies hatte zur Folge, daß heute viele Schecken unerwünschte spalterbige Eigenschaften tragen. In einigen Fällen haben sie sogar die Zeichnung der Dänischen Schecken geerbt.

Es wurde schließlich nachgewiesen, daß die Eigenschaft, durch die diese Scheckenart entsteht, dominant ist. Infolgedessen können Vögel bei gleichem Aussehen die Eigenschaft als Einzel- oder Doppelfaktor tragen, wie es bei dominanten Merkmalen üblich ist. Die Mehrzahl der Australischen Schecken sind Vögel mit Einzelfaktor, weil die Züchter sie wiederholt mit erstklassigen Normalvögeln gekreuzt haben. Dieses fortwährende Einkreuzen führte zu vielen typischen Schauvögeln in einer ziemlich breiten Farbreihe. Die Australischen Schecken sind grob in zwei Klassen einzuteilen, die sogenannten Bandschecken als Originalmutation und die Australischen Schecken mit stark unterbrochener Farbe.

Ohne Zweifel ist ein gutgezeichneter Bandschecke in einer Normalfarbe ein Vogel, der aufgrund seiner Farben Bewunderung verdient. Diese Bandschekken sind wie ihre normalen Gegenstücke gefärbt, haben aber einen Nackenfleck, helle Schwingen und Schwanzfedern und ein helles Band quer über die Mitte ihrer Brust. Wie anzunehmen, wird nur eine sehr begrenzte Zahl sauber gezeichneter Vögel in jeder Saison gezüchtet, doch gibt es viele, die an das Ideal nahe heranreichen. Eines der hervorragenden Merkmale guter Schauvögel ist eine vollständige Kehltupfenkette mit nicht unterbrochenen Wangenflecken, das sicherlich vielen Züchtern gefällt.

Die Vererbung der Australischen Schecken, unabhängig von deren tatsächlicher Farbe, ist wie folgt:

1. Australischer Schecke (EF) × Normal ergibt 50% Normale und 50% Australische Schecken (EF)
2. Australischer Schecke (DF) × Normal ergibt 100% Australische Schekken (EF)
3. Australischer Schecke (EF) × Australischer Schecke (EF) ergibt 25% Normale, 50% Australische Schecken (EF), 25% Australische Schecken (DF)
4. Australischer Schecke (EF) × Australischer Schecke (DF) ergibt 50% Australische Schecken (EF) und 50% Australische Schecken (DF)
5. Australischer Schecke (DF) × Australischer Schecke (DF) ergibt 100% Australische Schecken (DF)

Es sollte besonders beachtet werden, daß jeder normalfarbene Vogel aus den Verpaarungen Nr. 1 und 3 genau solch ein normaler Vogel ist, wie er aus irgendeiner anderen normalen Verpaarung gezüchtet wird.
Obgleich die obigen Vererbungsregeln genaue Prozentsätze angeben, kann bei einzelnen Verpaarungen eine ziemliche Abweichung in den tatsächlichen Ergebnissen vorkommen. Man muß sich vergegenwärtigen, daß sich die Prozentzahlen irgendeiner Verpaarung nur über eine sehr große Zahl verschiedener Verpaarungen derselben Kombination bestätigen lassen. Ich kenne einige Fälle, bei denen ein Australischer Schecke mit Einzelfaktor, verpaart an einen Normalvogel, bis zu neun oder zehn normale Junge und nur einen oder zwei Australische Schecken brachte. In anderen Fällen ereignete sich geradezu das Gegenteil; es wurden nahezu nur Australische Schecken erzielt. Einmal brachte ein Australischer Schecke-Hellgrün mit einer hellgrünen Henne zwei Nester von fünf Australischen Schecken in einem Jahr. Im folgenden Jahr lagen im ersten Nest vier Australische Schecken und im zweiten fünf normale Hellgrüne. Ich erwähne dies nur, um zu zeigen, wie variabel individuelle Verpaarungen sein können und wie leicht man falsche Schlüsse ziehen kann, wenn man nicht genügend Material hat.
Zuchtergebnisse zeigen deutlich, daß Australische Schecken immer am besten aus Verpaarungen mit erstklassigen Normalvögeln gezüchtet werden. Bei dieser Methode werden die allgemeine Farbqualität, Größe und Typ ständig verbessert. Es ist dabei zu beachten, daß ich die Betonung auf Normale gelegt habe, da ich diese in der Zucht von farblich fehlerfreien Australischen Schecken für sehr wichtig halte. Weiter vorn in diesem Kapitel erwähnte ich Australische Dominante Schecken, welche die Farbzeichnung Rezessiver Dänischer Schecken erbten. Dies passierte bei der Auswahl Dänischer Rezes-

siver Schecken und Normaler Vögel, spalterbig für diese Eigenschaft, als Zuchtpartner für Australische Dominante Schecken. Australische Schecken aus diesen Verpaarungen zeigen mit Sicherheit Dänische Schecken-Eigenschaften, wie unterbrochene Wangenflecken, unvollständige Kehltupfenketten und Zeichnungsmerkmale, wie sie gewöhnlich den Dänischen Schecken entsprechen. Man kann sich leicht vorstellen, daß solche Vögel schwer zu erkennen sind und auch einen großen Teil ihres Wertes als Schauvögel verloren haben. In Nestern, in denen sowohl Australische Schecken als auch Dänische Schecken erscheinen, ist es oftmals schwer, sie als Jungvögel zu unterscheiden. Viele Vögel wurden inkorrekt bezeichnet und verkauft, nur weil sie von einem Australischen Schecken-Elternteil abstammten. Wenn diese Jungvögel jedoch heranwachsen, sind sie deutlich durch ihre unterschiedliche Augenfarbe zu erkennen. Australische Schecken haben die normalen schwarzen Augen, Dänische Schecken tief pflaumenfarbige.
Wie bei allen Vögeln mit Farbmusterung, ist es wesentlich, jedes Paar besonders auszuwählen. Wo immer möglich, sollten die an Normalvögel zu paarenden Australischen Schecken eine starke Tendenz zum gebänderten Typ zeigen. Befolgt man diese Zuchtmethode, so erhöht sich der Prozentsatz farblich korrekter Vögel ständig.
Wie ich schon erwähnt habe, gibt es Australische Schecken in allen anderen Farben und Varietäten, und es können einige sehr schöne Vögel auftreten. Noch einmal möchte ich die Züchter vor dem Gebrauch von Dänischen Schecken, Albinos, Lutinos, normalen Gelben und Weißen und in vielen Fällen von Opalinen als Partner für Australische Schecken warnen. Ich habe gesagt, daß Opaline nicht in der Mehrzahl der Fälle benutzt werden sollten, aber von Zeit zu Zeit kann ein Opaliner zum Einkreuzen bestimmter wichtiger Eigenschaften benutzt werden, die in dem Stamm der Australischen Schecken erforderlich sind. Die Verwendung von anderen erwähnten Farben führt meiner Meinung nach nur zu Enttäuschungen bei späteren Verpaarungen. Ohne diese Varietäten gibt es noch genügend andere Arten, die benutzt werden können und auch wurden: einige wunderschöne Exemplare der heute so populären Australischen Schecken sind das Ergebnis.

Abbildungen: 51–53

Haubenwellensittiche

Gegen Ende der dreißiger Jahre erschien in Nordamerika ein Wellensittichtyp mit einer deutlichen Haube auf dem Kopf als Neumutation. Es stellte sich heraus, daß diese gehäubte Varietät in allen Farben gezüchtet werden konnte und die Haube eine dominante Eigenschaft ist. Längere Zeit gab es diese Vögel nur in geringer Anzahl. Nach und nach verbreiteten sie sich auch in Europa und schließlich in Großbritannien. Es ist anzunehmen, daß noch andere gehäubte Mutationen aufgetreten sind und diese mit dem eigentlichen amerikanischen Typ gekreuzt wurden. In Großbritannien wurde der größte Teil der Versuchsarbeit mit gehäubten Wellensittichen unter der Leitung des „The Crested Budgerigar Club" (Gehäubte-Wellensittich-Vereinigung) durchgeführt. Dieser Vereinigung ist es zu verdanken, daß für gehäubte Wellensittiche ein Standard entstand, der heute auf den großen Ausstellungen angewendet wird.

Es werden drei unterschiedliche Haubentypen in den Ausstellungsrichtlinien unterschieden, die Spitzhaube, die halbkreisförmige und die kreisförmige Haube. Von diesen stellt die letztere die am meisten gefragte Art dar. Wie bereits erwähnt, fand man schnell heraus, daß die Haubeneigenschaft dominant vererbt, aber andere Ursachen mit der Weiterzucht zusammenhingen. Die ursprünglichen Züchter stellten fest, daß nur eine begrenzte Anzahl gehäubter Wellensittiche aus ihren Verpaarungen hervorging. Es ist noch gar nicht lange her, daß in die Vererbungsweise der gehäubten Eigenschaft mehr Klarheit gebracht wurde. Jetzt passen die Ergebnisse in ein vorgegebenes Zuchtschema. Bevor wir uns näher mit dem Zuchtverhalten befassen, muß ich noch erwähnen, daß außer den gewünschten Schauvögeln auch Exemplare mit mehr als einer Haube gezüchtet wurden. Einige dieser Vögel scheinen eine Haube an der normalen Stelle, und eine weitere am Hinterkopf oder sogar im Nacken oder am Mantel zu haben. Obgleich diese sonderbaren Vögel nicht sehr oft erscheinen, sagt man ihnen nach, daß sie sehr wertvoll für die Zucht guter normaler Haubenwellensittiche sind.

Eine neuere, mehrfach vorgebrachte Theorie über die kleine Anzahl von Haubenvögeln aus bestimmten Verpaarungen mit reinen Normalvögeln behauptet, daß letztere eine Eigenschaft verdecken, welche die Haubeneigenschaft am Erscheinen hindert. Aus solchen Verpaarungen entstehen einige Haubenvögel zusammen mit einer großen Anzahl normaler Vögel, die jetzt als „Haubenblütige" (englisch: Crestbred) bekannt sind. Verpaart man Haubenvögel mit haubenblütigen Normalen, so steigt der Prozentsatz an Haubenvögeln sehr stark. Dies deckt sich natürlich mit dem Zuchtverhalten anderer Haubenarten wie Haubenkanarien und Haubenmövchen.

Die Zahl der Haubenwellensittichzüchter ist sowohl in Großbritannien wie auch in Deutschland gegenwärtig gering, und demzufolge ist die Zahl der

Testverpaarungen begrenzt. Wenn die Anzahl der Züchter wächst, wird sich auch die Menge an zuverlässigen Angaben über kontrollierte Verpaarungen erhöhen. Alle Informationen scheinen darauf hinzuweisen, daß haubenblütige Normale besser geeignet sind als gewöhnliche Normale. Meines Wissens wird von einem Fall berichtet, bei dem zwei Haubenblütige tatsächlich Haubenwellensittiche hervorbrachten. Da die Mehrzahl der heutigen Haubenvögel an einem Substanzmangel leidet, wird es weiterhin sehr nötig bleiben, Normale zur Verbesserung von Größe und Typ einzukreuzen. Es ist noch nicht festgestellt worden, ob haubenblütige Vögel mit langjähriger Haubenabstammung brauchbarer sind als Haubenblütige aus ersten Kreuzungen. Es scheint mir, daß haubenblütige Erstkreuzungsvögel besser geeignet sind, da sie mehr gute Eigenschaften tragen müssen als andere Haubenblütige. Bis in die heutige Zeit experimentierten die Züchter mit ihren Haubenverpaarungen. Sie versuchten, verschiedene Farben mit Hauben zu züchten. Dies hatte zur Folge, daß nur wenig Fortschritt in der Verbesserung der Größe erzielt wurde. Gegenwärtig ist eine Anzahl Vögel von ziemlicher Größe mit sehr guten Hauben in den drei Typen vorhanden, und die Züchter widmen der Entwicklung guter Schau-Haubenwellensittiche mehr Aufmerksamkeit. Diese Weiterentwicklung war kürzlich auf einigen größeren Ausstellungen in Großbritannien zu bemerken. Es scheint so, daß jetzt alle Möglichkeiten gegeben sind, in der nächsten Zukunft mehr und bessere Haubenwellensittiche zu züchten.

In neueren Äußerungen über die Haubenvererbung wurde darauf hingewiesen, daß bei dieser mit einem Letalfaktor zu kämpfen sei. Dies ist wohlbekannt in der Zucht der Haubenkanarien, und die Anzeichen scheinen stark darauf hinzudeuten, daß dies auch für Haubenwellensittiche zutrifft. Die gegenwärtig etwas begrenzten, registrierten Zuchtergebnisse scheinen anzuzeigen, daß ein Letalfaktor wirksam wird, wenn zwei Haubenvögel miteinander verpaart werden. Bevor dies sicher nachgewiesen werden kann, sind noch viele weitere Verpaarungen vorzunehmen, zu registrieren und zu analysieren. Zur Zeit verpaaren die Züchter gewöhnlich einen Haubenwellensittich an einen rein Normalen oder einen haubenblütigen Normalen. Hierin liegt der Hauptgrund, weshalb so wenige reine Verpaarungen von Haubenwellensittich × Haubenwellensittich für Untersuchungszwecke zur Verfügung stehen.

Die neueste Theorie in der Vererbung des Haubenfaktors besagt, daß zusätzlich zu diesem Faktor, der sich in drei verschiedenen Haubenformen offenbart, Hemmungsfaktoren vorhanden sind, die das Erscheinen der Hauben steuern. Die in einer ziemlich breiten Verpaarungsreihe in Großbritannien und in Übersee gesammelten Ergebnisse scheinen diese Tatsache zu bekräftigen. Aber auch hier muß eine beträchtliche Anzahl weiterer Verpaarungen analysiert werden, bevor eine endgültige Antwort gegeben werden kann.

Die Gegenwart der Hemmungsfaktoren verhindert die dominante Vererbungsweise der Hauben-Eigenschaft nicht. Die Vererbung der Hauben-Eigenschaft kann jedoch durch das Vorhandensein dieser Faktoren verändert werden. Ein Vogel mit Haube besitzt zwei Haubenfaktoren. Dagegen zeigen Vögel mit nur einem Haubenfaktor, d. h. Haubenblütige, diese Eigenschaft nicht, da sie nach der Theorie noch einen Hemmungsfaktor besitzen. Solch ein Faktor läßt die Haube nicht sichtbar werden, obgleich der Vogel den Faktor tatsächlich in einfacher Stärke besitzt. Nur in doppelter Form läßt er die Haube erscheinen. Es kann sein, daß mehrere dieser Hemmungsfaktoren zusammenwirken. Dies könnte das Erscheinen der Haube in ihren drei verschiedenen Formen erklären, nämlich Rundhaube, Halbrundhaube und Spitzhaube. Wenn wir uns dies vor Augen halten, ist es verständlich, daß es eine ziemliche Anzahl unterschiedlicher genetischer Formeln geben kann, die zu verschiedenen sichtbaren und verdeckten Ausdrucksformen der Hauben-Eigenschaft führen.

Damit Neulinge in der Haubenzucht nicht verwirrt werden, sollten sie einfach annehmen, daß die Hauben-Eigenschaft dominant vererbt wird. Bei Verpaarungen mit Normalvögeln entstehen Haubenvögel und dem Aussehen nach auch Normalvögel. Die Anzahl der Hauben, die aus solchen Kreuzungen tatsächlich fällt, ist in den meisten Fällen klein. Aus der Sicht der obenerwähnten Theorie der Hemmungsfaktoren wird dies besser zu verstehen sein. Die mit einem Haubenelternteil gezüchteten Vögel ohne Haube werden heute allgemein Haubenblütige genannt. Werden sie an Vögel mit Hauben zurückverpaart, so wird die Anzahl der Haubenvögel in der Nachzucht wesentlich erhöht. Folgt der Züchter diesem Verpaarungsschema bei der Auswahl seiner Zuchtpaare, so dürften seine Ergebnisse mit der üblichen Haubenvererbung übereinstimmen.

Mit dem Fortschreiten der Haubenwellensittichzucht, sowie der Verbesserung von Größe und Form der Hauben durch Auswahlzucht, werden sich die Fragen der Haubenvererbung mit Unterstützung durch die obige Theorie wahrscheinlich mehr und mehr beantworten lassen.

Außer der ursprünglichen Mutation aus Nordamerika scheint eine weitere auf dem europäischen Kontinent entstanden zu sein. Obgleich eine leichte Abweichung in der Anordnung der Federn dieser beiden Mutationen besteht, können sie ruhig miteinander gekreuzt werden, ohne viel Komplikation zu verursachen. Es ist durchaus möglich, daß sich die Variation der Zuchtergebnisse bestimmter Verpaarungen durch die Existenz und Vermischung zweier Mutationen untereinander erklären läßt. Ich habe das Vorhandensein beider Mutationen erwähnt, weil die Züchter sich in gewissen Fällen darüber wundern, warum ihre Haubenvögel in der Anordnung der Haubenfedern etwas abweichen.

Abbildungen: 62–64

Einige andere Varietäten

Außer den in den vorangegangenen Kapiteln erwähnten Varietäten gibt es noch andere, die sich gegenwärtig nicht sehr großer Beliebtheit erfreuen und im Standard noch nicht aufgenommen sind. Neben diesen finden wir noch einige kombinierte Arten, die keine eigentlichen Varietäten sind, in verschiedenen Wellensittich-Veröffentlichungen aber unter besonderen Namen erscheinen. Diese werde ich am Schluß dieses Kapitels besprechen.
Eine geschlechtsgebunden vererbende Varietät, die erstmals 1943 in England auftrat, wurde wegen ihres schieferfarbenen Aussehens „Schiefer“ (englisch: Slate) genannt. Tatsächlich ist die Schiefer-Eigenschaft der Violett-Eigenschaft ähnlich, denn es gibt Schiefer-Formen von allen anderen Wellensitticharten. Schiefer wirkt als eine Eigenschaft, die den Farbton von Vögeln verändert, die zusätzlich den Schieferfaktor in ihrem Erbbild tragen. Nehmen wir an, ein Schieferfarbener wird an einen Himmelblauen verpaart, dann erhalten wir Schiefer-Himmelblaue. Solch ein Vogel ist dem normalen Himmelblauen ähnlich, aber die Körperfarbe hat einen klaren, hellen Schieferfarbton, die Wangenflecke sind dunkler und dumpf-violett, und die Schwanzfedern sind entsprechend dunkler im Blau. Wenn ein Schiefer an einen Hellgrünen verpaart wird, entstehen Schiefer-Hellgrüne. Hier würde der Vogel wie ein Hellgrüner aussehen, aber mit einem blaßgelblichen dunkelgrünen Körperfarbton, mit dunkleren und dumpfvioletten Wangenflekken und Schwanzfedern entsprechend dunkler im Blau.
Der Schiefer verlor seine Beliebtheit, als der australische dominant vererbende Graue in Großbritannien erschien. Zwischen diesen beiden Mutationen besteht eine gewisse Ähnlichkeit. Da der Graue dominant vererbte, sagte er den Züchtern weitaus mehr zu als der geschlechtsgebunden vererbende Schiefer. Seinerzeit wurde angenommen, daß der Schiefer verschwunden war, doch wurden Ende der vierziger Jahre wieder einige Exemplare in Volieren

verschiedener Züchter entdeckt, meistens als Opaline. Seit der Zeit versuchen Züchter, normale Schiefer zu züchten. Sie hatten jedoch viele Schwierigkeiten bei der Trennung der beiden geschlechtsgebundenen Mutationen zu überwinden, waren aber letzten Endes erfolgreich. Seitdem heute mehr Liebhaber Schiefer züchten, ist ein weitaus besserer Typ entstanden, und auf einigen der letzten National-Ausstellungen in Großbritannien haben Schiefer in ihrer Klasse gewonnen. Der Schiefer-Faktor wird in genau derselben Weise vererbt wie der Zimt-, Opalin-, Albino- und Lutino-Faktor. Sobald der Züchter die geschlechtsgebundene Vererbung einer Art verstanden hat, kann er sie auf jede andere geschlechtsgebundene Form anwenden.

Eine andere geschlechtsgebundene Varietät, die gegen Ende der vierziger Jahre bekannt wurde, stellen die rotäugigen „Lacewings"* dar, die in den bekannten Farbmustern auftreten können. Aufgrund ihrer eigenartigen Färbung können die Vögel nur in drei Körperfarben gezüchtet werden, nämlich Gelb, Weiß und Gelbgesicht-Weiß. Die Zeichnungstiefe variiert beträchtlich zwischen Vögeln, die normal Grün entsprechen, als den dunkleren und denen, die normal Gelb entsprechen, als den blassen. Tatsächlich können die letzteren Vögel nur sehr schwer von normalen Lutinos unterschieden werden. Züchter, die mit Lacewings nicht sehr vertraut sind, verwechseln sie ziemlich leicht mit Lutinos. Es können Schecken-, Hellschwingen- und Opalin-Formen in allen drei Farbschattierungen auftreten. So ist bei den Lacewings eine ziemlich große Variationsbreite in der Flügelzeichnung möglich. Die Zeichnungsfärbung eines Lacewing-Hellgrünen ist an Kopf, Nacken, Rücken und Flügeln rein zimtbraun. Die Schwanzfedern haben eine tiefere Braunschattierung, während der Körper hellgelb ist, mit einem leichten Anflug auf den Oberschenkeln und am Bürzel. Die jeweilige Tiefe der gelben Körperfarbe variiert mit den hellgrünen, dunkelgrünen und olivgrünen Arten. In der Blaureihe existiert natürlich nur eine Körperschattierung, nämlich weiß mit einem blassen Anflug auf Oberschenkeln und Bürzel.

Obgleich Lacewings gegenwärtig nicht allgemein beliebt sind, haben sie die Gunst einiger Züchter erlangt, die an einer geschlechtsgebundenen Varietät Gefallen finden, welche sich von den normalen Albinos und Lutinos unterscheidet. Sie haben das allgemeine Aussehen ihrer Stämme deutlich verbes-

* Anmerkung der Übersetzer: Eine gute deutsche Übersetzung für „Lacewing" ist noch nicht bekannt (vgl. G. A. Radtke: Die Farbschläge des Wellensittichs). „Lace" heißt auf Deutsch „Spitze" oder „Borte". Die deutsche Übersetzung „Spitzenmusterflügel" würde jedoch etwas umständlich anmuten. Daher wurde aus Einfachheitsgründen die englische Bezeichnung übernommen.

sert. Es hat sich herausgestellt, daß der Grau- und Violettfaktor in der Lacewing-Zucht sehr vorteilhaft sind. Mit Hilfe dieser zusätzlichen Faktoren, insbesondere mit dem Graufaktor, sind einige ziemlich bewundernswerte Vögel in Farbe, Größe und Typ gezüchtet worden. Zweifellos bieten Lacewings den Züchtern ein gutes Betätigungsfeld, die an der Entwicklung einer geschlechtsgebundenen Varietät mit pastellfarbener Schattierung interessiert sind.

Von Zeit zu Zeit erschienen seltsame Vögel mit ähnlicher Zeichnung wie bei den Lacewings, jedoch mit normalen schwarzen Augen. Leider hat diese Form in England nicht Fuß gefaßt. In Australien scheinen sie aufgetaucht und unter dem Namen Grauflügel-Gelbe bekannt zu sein. Da diese Vögel hier noch nicht gesehen wurden, kann nur wenig über ihr genaues Aussehen gesagt werden. Die einzelnen Federn und Flügel, die nach Großbritannien gesandt wurden, geben ein Bild von den Vögeln, wie nachstehend beschrieben: gräuliche Flügelzeichnung und mehr oder weniger gelbe Körperfarbe. Einige Züchter in Großbritannien hatten sich zum Ziel gesetzt, diese Art aus schlecht gefärbten Exemplaren der Grauflügel zu züchten, doch bis heute war der Erfolg nur sehr gering.

Während der letzten Jahre kamen aus den USA Berichte über mehrere Mutationen von gleichem farblichen Aussehen, d.h. Vögel mit normaler Zeichnung, aber entweder mit gelber oder weißer Körperfarbe.

Sie wurden „Clearbodies“ (auf deutsch etwa: Hellbäuche) genannt. Nach Informationen und gesehenen Bälgen zu urteilen, scheint der Name sehr treffend. Sie sind tatsächlich das Gegenteil von Hellflügeln und bieten für genetische Enthusiasten die Möglichkeit interessanter Experimente. Die von mir gesehenen Clearbodies zeigten intensive Zeichnung, die bei den Normalen fast schwarz wirkt und dadurch in sehr starkem Kontrast zu der hellgelben oder weißen Körperfarbe steht. Man hofft, daß solche Exemplare in Kürze auch hier zu sehen sind, zuerst natürlich in den Volieren der Züchter und später auf Ausstellungen.

Es gibt mehrere kombinierte Typen, die mit einigen Züchtern geradezu Verträge abgeschlossen zu haben scheinen und unter verschiedenen Namen bekannt sind. Die prominentesten hierunter sind die Gelbgesicht-Opalin-Weißflügel oder, nach ihrer bekannteren Bezeichnung, „Rainbows“ (auf deutsch: Regenbogenfarbige). Letzterer ist ein ausgezeichneter Name für diese Vögel, denn sie zeigen ein breites Spektrum unterschiedlich leuchtender Farben. Ihr korrekter genetischer Name zeigt an, daß sie eine Kombination der Gelbgesicht-Blau-, Opalin- und Hellflügel-Eigenschaft in einem Vogel darstellen. Es leuchtet natürlich ein, daß diese drei Faktoren genetisch unterschiedlich reagieren. Daher kann es mehrere Generationen dauern, bis Vögel gezüchtet werden, die alle drei Faktoren gleichzeitig tragen. Heute braucht jedoch kein Züchter mit den Grundfarben zu beginnen, da es bereits zahlreiche Exemplare mit einer Teilkombination von Farbeigenschaften gibt. Daher kann das Endergebnis sehr viel schneller erreicht werden.

Ich möchte hier nicht alle die vielen verschiedenen Kombinationen aufzählen, aus denen unterschiedliche Prozentsätze von Rainbows fallen, da dies zu viel Platz beanspruchen würde. Einige möchte ich jedoch nennen, so daß der Züchter eine gewisse Auswahl treffen kann.

Wenn eine Gelbgesicht-Weißblau-Henne (das ist die Gelbgesichtform der normalen Weißen) mit einem Opalin-Kobalt/Weißflügel-Hahn verpaart wird, so fallen dabei Rainbow-Hennen. Ein Opalin-Weißflügel-Kobalt-Hahn, verpaart mit einer Gelbgesicht-Blau/Weiß-Henne, bringt auch einen bestimmten Prozentsatz an Rainbow-Hennen. Aus der Verpaarung Gelbgesicht-Kobalt/Opalin-Weißflügel-Hahn × Opalin-Weißblau-Henne entstehen Hähne und Hennen der Rainbow-Art. Die Verpaarung Gelbgesicht-Opalin-Weißflügel (Rainbow) an Opalin-Weißflügel ergibt auch wieder Rainbows beider Geschlechter. Ein Kobalt/Opalin-Weißflügel-Hahn × einer Gelbgesicht-Blau/Weiß-Henne bringt ebenfalls einen kleinen Prozentsatz Rainbows hervor, obgleich beide Eltern im wesentlichen als Normale erscheinen. Aus diesen Musterverpaarungen ist ersichtlich, daß es noch viele andere Kreuzungen gibt, die zur Zucht der Rainbows mit ihrer großen Farbbreite geeignet sind. Graue Vögel sollten in dieser Zucht vermieden werden, da Gelbgesicht-Opalin-Weißgraue aufgrund des verdeckten Graufaktors farblich nicht sehr ansprechen, obgleich sie eigentlich Rainbows sind. Die Kobalt- und Violettarten der Rainbows zeigen die schönsten und abwechslungsreichsten Farbeffekte.

Ein anderer Kombinationstyp, der einmal ziemlich populär war, sind die „Grauflügel mit intensiver Körperfarbe“ (full body coloured Greywings), die außer ihrer recht anziehenden Farbe ein sehr interessantes Zuchtverhalten aufweisen. Diese Vögel entstehen aus der Kombination der Hellflügel- mit der Grauflügel-Eigenschaft und sind sehr unterschiedlich gegenüber ihren Eltern. Wie ihr Name besagt, haben sie graue Flügel, und ihre Körperfarbe ist mehr oder weniger wie die der Normalen. Wenn ein Grauflügel mit intensiver Körperfarbe mit einem normalen Weißen oder Gelben verpaart wird, so fallen in der Nachzucht je zur Hälfte Hellflügel und Grauflügel, ein sehr interessantes Ergebnis. Wenn nun einer an einen normalen Grauflügel verpaart wird, dann fallen zur Hälfte normale Grauflügel, während die andere Hälfte der Nachzucht Grauflügel mit intensiver Körperfarbe sind. Die umgekehrte Verpaarung ergibt Hellflügel und Grauflügel mit intensiver Körperfarbe.

Da heutzutage sowohl Hellflügel als auch Grauflügel meistens spalterbig in Gelb oder Weiß sind, läßt ihre Verpaarung miteinander eine breite Variation von Arten erwarten. Dies hat die Züchter ziemlich verwirrt, da Gelbe, Weiße, Hellflügel und normale Grauflügel in demselben Nest erscheinen können wie die Grauflügel mit intensiver Körperfarbe.

Es wurden einige sehr interessante Formen dieser intensiv gefärbten Grauflügel gezüchtet. Insbesondere solche, die den Violett- und Opalinfaktor in sich vereinigt tragen, bringen farblich sehr bunte Kombinationen hervor. Die Zucht der Grauflügel-Hellflügel-Kombination kann den Farbenzüchter sehr begeistern. Mit ihr lassen sich viele ungewöhnliche Farbformen züchten.

Es ist lange her, daß die Falben sich bei den Züchtern echter Beliebtheit erfreuten. Während jener Zeit wurden einige farblich sehr merkwürdige Exemplare gezüchtet. Eine Art rotäugiger Clearbodies (Hellbäuche) kann aus der Kombination Falb-, Opalin- und Graufaktor gezüchtet werden.

Diese Exemplare sehen in der Körperfarbe mehr oder weniger weiß oder hellgelb aus. Ihre Zeichnung ist stahlgrau mit Opalinmusterung. Es wird dem Züchter leicht klar, daß diese sehr faszinierenden Vögel mehrere Generationen zu ihrer Entstehung benötigen, zumal das zur Verfügung stehende Zuchtmaterial zur Zeit sehr beschränkt ist. Die augenblicklich hauptsächlich erhältlichen Falbenarten sind entweder Deutsche oder Englische Falben. Es spielt dabei keine Rolle, welche der beiden Arten an Opalin-Graue verpaart wird. Aus solch einer Kreuzung sind die Jungen spalterbig in Falb und Opalin und sind entweder grau oder normalfarben. Wenn der Opalin-Graue zufällig ein Hahn war, sind natürlich alle Hennen Opalin in Grau oder Normalfarbe und spalterbig in Falb. Eine Opalin-Grau/Falb-Henne, verpaart an einen Normal/Opalin-Falb-Hahn, bringt einen kleinen Prozentsatz der gewünschten Opalin-Falb-Grauen. Wenn der Züchter erst einmal ein paar Exemplare besitzt, kann er seine Verpaarungen so vornehmen, daß sowohl Hähne als auch Hennen dieser kombinierten Form in größerer Zahl gezüchtet werden.

Andere hier im Lande gezüchtete Farben sind der Englischgraue, der dunkler als der Australischgraue ist, aber rezessiv vererbt, und der rezessive Braunflügel, der im allgemeinen Aussehen dem Zimter ähnelt. Zur Zeit scheinen diese beiden Formen praktisch nicht zu existieren, können aber jeder Zeit wieder erscheinen, da die Vererbung rezessiver Eigenschaften über viele Generationen möglich ist und sie nur bei passenden Verpaarungen wieder zum Vorschein kommen.

Gelegentlich wurde über rote, rosa und schwarze Wellensittiche berichtet, die gezüchtet worden sein sollten; aber ich hatte noch nicht das Vergnügen, irgendeinen dieser Vögel zu sehen. Ich glaube, daß jedes Exemplar, das eine Ähnlichkeit mit diesen Farben für sich in Anspruch nimmt, sie auf unnatürliche Weise erlangte. Aber trotzdem können wir irgendwann ziemlich überraschend eine neue Mutation erhalten, und eines Tages sehen wir vielleicht sogar rote oder auch schwarze Wellensittiche in unseren Volieren.

Abbildungen: 56, 59–61

Tabellen über theoretische Zuchtergebnisse bei der Farbenvererbung

Schlüssel der Abkürzungen und Zahlen für die Benutzung der Tabellen

		Tab.-Nr.
hgr	Hellgrün	1
dgr	Dunkelgrün	2
ogr	Olivgrün	3
hg	Hellgelb	4
dg	Dunkelgelb	5
og	Olivgelb	6
hb	Himmelblau	7
kb	Kobalt	8
ma	Mauve	9
whb	Weiß-Himmelblau	10
wkb	Weiß-Kobalt	11
wma	Weiß-Mauve	12
hgr/g	Hellgrün/Gelb	13
dgr/g	Dunkelgrün/Gelb	14
ogr/g	Olivgrün/Gelb	15
hgr/b	Hellgrün/Blau	16
dgr/bI	Dunkelgrün/Blau Typ I	17
dgr/bII	Dunkelgrün/Blau Typ II	18
ogr/b	Olivgrün/Blau	19
hgr/w	Hellgrün/Weiß	20
dgr/wI	Dunkelgrün/Weiß Typ I	21
dgr/wII	Dunkelgrün/Weiß Typ II	22
ogr/w	Olivgrün/Weiß	23
hg/w	Hellgelb/Weiß	24
dg/wI	Dunkelgelb/Weiß Typ I	25
dg/wII	Dunkelgelb/Weiß Typ II	26
og/w	Olivgelb/Weiß	27
hb/w	Himmelblau/Weiß	28
kb/w	Kobalt/Weiß	29
ma/w	Mauve/Weiß	30

Grün wird durch die Abkürzung gr bezeichnet. Das Kurzzeichen gf dient der Abkürzung für Grauflügel, Grau kann als gu abgekürzt werden.

Wenn ein Vogel in einer bestimmten Farbe spalterbig ist, wird dies durch einen Schrägstrich / zwischen den Symbolen gekennzeichnet.

Einige Beispiele sollen die Benutzung der Tabellen erläutern: Es soll ein Himmelblauer mit einem Weiß-Mauve gekreuzt werden. Für diese Vögel finden wir folgende Abkürzungen und Zahlen:

hb = Tab. 7 und wma = Tab. 12. Nun müssen wir in Tab. 7 bei der Kombination 7 × 12, das heißt also hb ×wma, nachsehen. Wir finden die Zahl 100 unter der Nr. 29. Dies ist der theoretisch zu erwartende Prozentsatz. Die Nr. bzw. Tab. 29 bedeutet kb/w. Es kann bei dieser Verpaarung theoretisch 100% Kobalt-Nachzucht, spalterbig in Weiß, erwartet werden. Ein anderes Beispiel:

Wir verpaaren einen Hellgelben mit einem Hellgrünen, der spalterbig in Blau ist. Hellgelb (hg) ist Tab. 4, und Hellgrün/Blau (hgr/b) Tab. 16. Tab. 4, unter 4 × 16, ergibt 50% unter 13 und 50% unter 20. Unsere theoretische Erwartung liegt also zu gleichen Teilen in Hellgrün, spalterbig in Gelb, und Hellgrün spalterbig in Weiß.

Äußerlich sehen diese Vögel alle gleich aus. Wenn wir sie nun untereinander kreuzen wollen, muß Tab. 13 aufgeschlagen werden. Hier finden wir unter der Kombination 13 × 20 13% hgr, 13% hg, 25% hgr/g, 13% hgr/b, 25% hgr/w und 13% ogr/w (13% = 12,5%; Zahlen in den Tabellen aufgerundet). Die Hellgrünen sehen wiederum alle gleich aus, unterscheiden sich aber durch die Erbeigenschaften, die sie übertragen. Für die Weiterzucht sind daher nur die hellgelben und die olivgrünen Jungen für uns interessant.

Die Benutzung der Tabellen wird die Auswahl der für Zuchtzwecke brauchbaren Vögel erleichtern. Bei einem Nest mit Jungen, die sich äußerlich, das heißt in der Farbe, unterscheiden, und nicht spalterbig für irgendeine andere Farbe sind, haben wir es mit reinerbigen Vögeln zu tun.

Wenn die Tabelle andererseits drei unterschiedliche Arten von Hellgrünen angibt, wie zum Beispiel hgr, hgr/g und hgr/w (vergleiche Tab. 16 unter 16 × 13) und ogr/g, so sind die letzteren die einzigen Nachzuchtvögel, bei deren Erbbild wir sicher sind. Die Olivgrünen werden spalterbig für Gelb sein, soviel ist gewiß. Bei den Hellgrünen jedoch, obgleich sie alle gleich aussehen, können nur Testverpaarungen zeigen, welche von ihnen reinerbig sind. Als gute Kreuzung für diesen Zweck würde sich die Verpaarung mit einem reinerbigen Hellgelben anbieten. Sehen wir also in Tab. 4, so finden wir, daß hgr × hg 100% hgr/g-Vögel ergibt. Alle sind äußerlich Grüne. Andererseits ergibt hgr/g × hg 50% hg und 50% hgr/g. Die Hellgrünen, die nur Hellgrüne hervorbringen, sind reinerbig. Die anderen jedoch können spalterbig in Gelb oder in Weiß sein: hgr/w × hg ergibt ebenfalls 50% äußerlich gleiche Hellgrüne und 50% äußerlich gleiche Hellgelbe. Die letzteren können hg-Vögel oder hg/w-Vögel sein und die ersteren hgr/g- oder hgr/w-Vögel. Es folgt daraus, daß der einzige Nutzen solcher Testverpaarungen in der Möglichkeit der Auswahl reinerbiger Vögel liegt.

Tab. 1 Farbenprozente bei Verpaarungen mit Hellgrün (hgr)

hgr = 1	1	2	3	4	5	6	7	8	9	10	11	12	13	14	15	16	17	18	19	20	21	22	23	24	25	26	27	28	29	30	
1 x 1 hgr	100																														1
1 x 2 dgr	50	50																													2
1 x 3 ogr		100																													3
1 x 4 hg													100																		4
1 x 5 dg													50	50																	5
1 x 6 og														100																	6
1 x 7 hb																100															7
1 x 8 kb																50		50													8
1 x 9 ma																		100													9
1 x 10 whb																				100											10
1 x 11 wkb																				50		50									11
1 x 12 wma																						100									12
1 x 13 hgr/g	50												50																		13
1 x 14 dgr/g	25	25											25	25																	14
1 x 15 ogr/g		50												50																	15
1 x 16 hgr/b	50															50															16
1 x 17 dgr/b I	8	42														42		8													17
1 x 18 dgr/b II	42	8														8		42													18
1 x 19 ogr/b		50																50													19
1 x 20 hgr/w	25												25			25				25											20
1 x 21 dgr/w I	4	21											4	21		21		4		21		4									21
1 x 22 dgr/w II	21	4											21	4		4		21		4		21									22
1 x 23 ogr/w		25												25				25				25									23
1 x 24 hg/w													50							50											24
1 x 25 dg/w I													8	42						42		8									25
1 x 26 dg/w II													42	8						8		42									26
1 x 27 og/w														50								50									27
1 x 28 hb/w																50				50											28
1 x 29 kb/w																25		25		25		25									29
1 x 30 ma/w																		50				50									30
	1	2	3	4	5	6	7	8	9	10	11	12	13	14	15	16	17	18	19	20	21	22	23	24	25	26	27	28	29	30	

Tab. 2 Farbenprozente bei Verpaarungen mit Dunkelgrün (dgr)

dgr = 2	1	2	3	4	5	6	7	8	9	10	11	12	13	14	15	16	17	18	19	20	21	22	23	24	25	26	27	28	29	30
2 × 1 hgr	50	50																												
2 × 2 dgr	25	50	25																											
2 × 3 ogr		50	50																											
2 × 4 hg													50	50																
2 × 5 dg													25	50	25															
2 × 6 og														50	50															
2 × 7 hb																50	50													
2 × 8 kb																25	25	25	25											
2 × 9 ma																		50	50											
2 × 10 whb																				50	50									
2 × 11 wkb																				25	25	25	25							
2 × 12 wma																						50	50							
2 × 13 hgr/g	25	25											25	25																
2 × 14 dgr/g	13	25	13										13	25	13															
2 × 15 ogr/g		25	25											25	25															
2 × 16 hgr/b	25	25														25	25													
2 × 17 dgr/b I	4	25	21													21	21	4	4											
2 × 18 dgr/b II	21	25	4													4	4	21	21											
2 × 19 ogr/b		25	25															25	25											
2 × 20 hgr/w	13	13											13	13		13	13			13	13									
2 × 21 dgr/w I	2	13	11										2	13	11	11	11	2	2	11	11	2	2							
2 × 22 dgr/w II	11	13	2										11	13	2	2	2	11	11	2	2	11	11							
2 × 23 ogr/w		13	13											13	13			13	13			13	13							
2 × 24 hg/w													25	25						25	25									
2 × 25 dg/w I													4	25	21					21	21	4	4							
2 × 26 dg/w II													21	25	4					4	4	21	21							
2 × 27 og/w														25	25							25	25							
2 × 28 hb/w																25	25			25	25									
2 × 29 kb/w																13	13	13	13	13	13	13	13							
2 × 30 ma/w																		25	25			25	25							

Tab. 3 Farbenprozente bei Verpaarungen mit Olivgrün (ogr)

ogr = 3	1	2	3	4	5	6	7	8	9	10	11	12	13	14	15	16	17	18	19	20	21	22	23	24	25	26	27	28	29	30	
3 x 1 hgr		100																													1
3 x 2 dgr		50	50																												2
3 x 3 ogr			100																												3
3 x 4 hg														100																	4
3 x 5 dg														50	50																5
3 x 6 og															100																6
3 x 7 hb																	100														7
3 x 8 kb																	50		50												8
3 x 9 ma																			100												9
3 x 10 whb																					100										10
3 x 11 wkb																					50		50								11
3 x 12 wma																							100								12
3 x 13 hgr/g		50												50																	13
3 x 14 dgr/g		25	25											25	25																14
3 x 15 ogr/g			50												50																15
3 x 16 hgr/b		50															50														16
3 x 17 dgr/b I		8	42														42		8												17
3 x 18 dgr/b II		42	8														8		42												18
3 x 19 ogr/b			50																50												19
3 x 20 hgr/w		25												25			25				25										20
3 x 21 dgr/w I		4	21										4		21		21		4		21		4								21
3 x 22 dgr/w II		21	4										21		4		4		21		4		21								22
3 x 23 ogr/w			25												25				25				25								23
3 x 24 hg/w														50							50										24
3 x 25 dg/w I														8	42						42		8								25
3 x 26 dg/w II														42	8						8		42								26
3 x 27 og/w															50								50								27
3 x 28 hb/w																	50				50										28
3 x 29 kb/w																	25		25		25		25								29
3 x 30 ma/w																			50				50								30
	1	2	3	4	5	6	7	8	9	10	11	12	13	14	15	16	17	18	19	20	21	22	23	24	25	26	27	28	29	30	

Tab. 4 Farbenprozente bei Verpaarungen mit Hellgelb (hg)

hg = 4	1	2	3	4	5	6	7	8	9	10	11	12	13	14	15	16	17	18	19	20	21	22	23	24	25	26	27	28	29	30
4 x 1 hgr													100																	
4 x 2 dgr													50	50																
4 x 3 ogr														100																
4 x 4 hg				100																										
4 x 5 dg				50	50																									
4 x 6 og					100																									
4 x 7 hb																				100										
4 x 8 kb																				50		50								
4 x 9 ma																						100								
4 x 10 whb																								100						
4 x 11 wkb																								50		50				
4 x 12 wma																										100				
4 x 13 hgr/g				50									50																	
4 x 14 dgr/g				25	25								25	25																
4 x 15 ogr/g					50									50																
4 x 16 hgr/b													50							50										
4 x 17 dgr/b I													8	42						42		8								
4 x 18 dgr/b II													42	8						8		42								
4 x 19 ogr/b														50								50								
4 x 20 hgr/w				25									25							25				25						
4 x 21 dgr/w I				4	21								4	21						21		4		21		4				
4 x 22 dgr/w II				21	4								21	4						4		21		4		21				
4 x 23 ogr/w					25									25								25				25				
4 x 24 hg/w				50																				50						
4 x 25 dg/w I				8	42																			42		8				
4 x 26 dg/w II				42	8																			8		42				
4 x 27 og/w					50																					50				
4 x 28 hb/w																				50				50						
4 x 29 hb/w																				25		25		25		25				
4 x 30 ma/w																						50				50				

Tab. 5 Farbenprozente bei Verpaarungen mit Dunkelgelb (dg)

dg = 5	1	2	3	4	5	6	7	8	9	10	11	12	13	14	15	16	17	18	19	20	21	22	23	24	25	26	27	28	29	30
5 × 1 hgr													50	50																
5 × 2 dgr													25	50	25															
5 × 3 ogr														50	50															
5 × 4 hg				50	50																									
5 × 5 dg				25	50	25																								
5 × 6 og					50	50																								
5 × 7 hb																				50	50									
5 × 8 kb																				25	25	25	25							
5 × 9 ma																						50	50							
5 × 10 whb																								50	50					
5 × 11 wkb																								25	25	25	25			
5 × 12 wma																										50	50			
5 × 13 hgr/g				25	25								25	25																
5 × 14 dgr/g				13	25	13							13	25	13															
5 × 15 ogr/g					25	25								25	25															
5 × 16 hgr/b													25	25						25	25									
5 × 17 dgr/b I													4	25	21					21	21	4	4							
5 × 18 dgr/b II													21	25	4					4	4	21	21							
5 × 19 ogr/b														25	25							25	25							
5 × 20 hgr/w				13	13								13	13						13	13			13	13					
5 × 21 dgr/w I				2	13	11							2	13	11					11	11	2	2	11	11	2	2			
5 × 22 dgr/w II				11	13	2							11	13	2					2	2	11	11	2	2	11	11			
5 × 23 ogr/w					13	13								13	13							13	13			13	13			
5 × 24 hg/w				25	25																			25		25				
5 × 25 dg/w I				4	25	21																		21	21	4	4			
5 × 26 dg/w II				21	25	4																		4	4	21	21			
5 × 27 og/w					25	25																				25	25			
5 × 28 hb/w																				25	25			25	25					
5 × 29 kb/w																				13	13	13	13	13	13	13	13			
5 × 30 ma/w																						25	25			25	25			

Tab. 6 Farbenprozente bei Verpaarungen mit Olivgelb (og)

og = 6	1	2	3	4	5	6	7	8	9	10	11	12	13	14	15	16	17	18	19	20	21	22	23	24	25	26	27	28	29	30
6 × 1 hgr														100																
6 × 2 dgr														50	50															
6 × 3 ogr															100															
6 × 4 hg					100																									
6 × 5 dg					50	50																								
6 × 6 og						100																								
6 × 7 hb																					100									
6 × 8 kb																					50		50							
6 × 9 ma																							100							
6 × 10 whb																									100					
6 × 11 wkb																									50		50			
6 × 12 wma																											100			
6 × 13 hgr/g					50									50																
6 × 14 dgr/g					25	25								25	25															
6 × 15 ogr/g						50									50															
6 × 16 hgr/b														50							50									
6 × 17 dgr/b I														8	42						42		8							
6 × 18 dgr/b II														42	8						8		42							
6 × 19 ogr/b															50								50							
6 × 20 hgr/w					25									25							25				25					
6 × 21 dgr/w I					4	21								4	21						21		4		21		4			
6 × 22 dgr/w II					21	4								21	4						4		21		4		21			
6 × 23 ogr/w						25									25								25				25			
6 × 24 hg/w					50																				50					
6 × 25 dg/w I					8	42																			42		8			
6 × 26 dg/w II					42	8																			8		42			
6 × 27 og/w						50																					50			
6 × 28 hb/w																					50				50					
6 × 29 kb/w																					25		25		25		25			
6 × 30 ma/w																							50				50			

Tab. 7 Farbenprozente bei Verpaarungen mit Himmelblau (hb)

hb = 7	1	2	3	4	5	6	7	8	9	10	11	12	13	14	15	16	17	18	19	20	21	22	23	24	25	26	27	28	29	30
7 x 1 hgr																100														
7 x 2 dgr																50	50													
7 x 3 ogr																	100													
7 x 4 hg																				100										
7 x 5 dg																				50	50									
7 x 6 og																					100									
7 x 7 hb							100																							
7 x 8 kb							50	50																						
7 x 9 ma								100																						
7 x 10 whb																												100		
7 x 11 wkb																												50	50	
7 x 12 wma																													100	
7 x 13 hgr/g																50				50										
7 x 14 dgr/g																25	25			25	25									
7 x 15 ogr/g																	50				50									
7 x 16 hgr/b							50									50														
7 x 17 dgr/b I							42	8								8	42													
7 x 18 dgr/b II							8	42								42	8													
7 x 19 ogr/b								50									50													
7 x 20 hgr/w							25									25				25								25		
7 x 21 dgr/w I							21	4								4	21			4	21							21	4	
7 x 22 dgr/w II							4	21								21	4			21	4							4	21	
7 x 23 ogr/w								25									25				25								25	
7 x 24 hg/w																				50								50		
7 x 25 dg/w I																				8	42							42	8	
7 x 26 dg/w II																				42	8							8	42	
7 x 27 og/w																					50								50	
7 x 28 hb/w							50																					50		
7 x 29 kb/w							25	25																				25	25	
7 x 30 ma/w								50																					50	

Tab. 8 Farbenprozente bei Verpaarungen mit Kobalt (kb)

kb = 8	1	2	3	4	5	6	7	8	9	10	11	12	13	14	15	16	17	18	19	20	21	22	23	24	25	26	27	28	29	30
8 × 1 hgr																50		50												
8 × 2 dgr																25	25	25	25											
8 × 3 ogr																	50		50											
8 × 4 hg																				50		50								
8 × 5 dg																				25	25	25	25							
8 × 6 og																					50		50							
8 × 7 hb							50	50																						
8 × 8 kb							25	50	25																					
8 × 9 ma								50	50																					
8 × 10 whb																												50	50	
8 × 11 wkb																												25	50	25
8 × 12 wma																													50	50
8 × 13 hgr/g																25		25		25		25								
8 × 14 dgr/g																13	13	13	13	13	13	13	13							
8 × 15 ogr/g																	25		25		25		25							
8 × 16 hgr/b							25	25								25		25												
8 × 17 dgr/b I							21	25	4							4	21	4	21											
8 × 18 dgr/b II							4	25	21							21	4	21	4											
8 × 19 ogr/b								25	25								25		25											
8 × 20 hgr/w							13	13								13		13		13		13					13	13		
8 × 21 dgr/w I							11	13	2							2	11	2	11	2	11	2	11					11	13	2
8 × 22 dgr/w II								2	13	11						11	2	11	2	11	2	11	2					2	13	11
8 × 23 ogr/w								13	13								13		13		13		13						13	13
8 × 24 hg/w																				25		25						25	25	
8 × 25 dg/w I																				4	21	4	21					21	25	4
8 × 26 dg/w II																				21	4	21	4					4	25	21
8 × 27 og/w																					25		25						25	25
8 × 28 hb/w							25	25																				25	25	
8 × 29 kb/w							13	25	13																			13	25	13
8 × 30 ma/w								25	25																				25	25

Tab. 9 Farbenprozente bei Verpaarungen mit Mauve (ma)

ma = ♀	1	2	3	4	5	6	7	8	9	10	11	12	13	14	15	16	17	18	19	20	21	22	23	24	25	26	27	28	29	30
♀ x 1 hgr																		100												
♀ x 2 dgr																		50	50											
♀ x 3 ogr																			100											
♀ x 4 hg																						100								
♀ x 5 dg																						50	50							
♀ x 6 og																							100							
♀ x 7 hb								100																						
♀ x 8 kb								50	50																					
♀ x 9 ma									100																					
♀ x 10 whb																													100	
♀ x 11 wkb																													50	50
♀ x 12 wma																														100
♀ x 13 hgr/g																		50				50								
♀ x 14 dgr/g																		25	25			25	25							
♀ x 15 ogr/g																			50				50							
♀ x 16 hgr/b								50										50												
♀ x 17 dgr/b I								42	8									8	42											
♀ x 18 dgr/b II								8	42									42	8											
♀ x 19 ogr/b									50										50											
♀ x 20 hgr/w								25										25				25							25	
♀ x 21 dgr/w I								21	4									4	21			4	21						21	4
♀ x 22 dgr/w II								4	21									21	4			21	4						4	21
♀ x 23 ogr/w									25										25			25								25
♀ x 24 hg/w																						50							50	
♀ x 25 dg/w I																						8	42						42	8
♀ x 26 dg/w II																						42	8						8	42
♀ x 27 og/w																							50							50
♀ x 28 hb/w								50																					50	
♀ x 29 kb/w								25	25																				25	25
♀ x 30 ma/w									50																					20

Tab. 10 Farbenprozente bei Verpaarungen mit Weiß-Himmelblau (whb)

whb = 10	1	2	3	4	5	6	7	8	9	10	11	12	13	14	15	16	17	18	19	20	21	22	23	24	25	26	27	28	29	30
10 x 1 hgr																				100										
10 x 2 dgr																				50	50									
10 x 3 ogr																					100									
10 x 4 hg																								100						
10 x 5 dg																								50	50					
10 x 6 og																									100					
10 x 7 hb																												100		
10 x 8 kb																												50	50	
10 x 9 ma																													100	
10 x 10 whb										100																				
10 x 11 wkb										50	50																			
10 x 12 wma											100																			
10 x 13 hgr/g																				50				50						
10 x 14 dgr/g																				25	25			25	25					
10 x 15 ogr/g																					50				50					
10 x 16 hgr/b																				50								50		
10 x 17 dgr/b I																				8	42							42	8	
10 x 18 dgr/b II																				42	8							8	42	
10 x 19 ogr/b																					50								50	
10 x 20 hgr/w										25										25				25				25		
10 x 21 dgr/w I										21	4									4	21			4	21			21	4	
10 x 22 dgr/w II										4	21									21	4			21	4			4	21	
10 x 23 ogr/w											25										25				25				25	
10 x 24 hg/w										50														50						
10 x 25 dg/w I										42	8													8	42					
10 x 26 dg/w II										8	42													42	8					
10 x 27 og/w											50														50					
10 x 28 hb/w										50																		50		
10 x 29 kb/w										25	25																	25	25	
10 x 30 ma/w											50																		50	

Tab. 11 Farbenprozente bei Verpaarungen mit Weiß-Kobalt (wkb)

wkb = 11	1	2	3	4	5	6	7	8	9	10	11	12	13	14	15	16	17	18	19	20	21	22	23	24	25	26	27	28	29	30	
11 x 1 hgr																				50		50									1
11 x 2 dgr																				25	25	25	25								2
11 x 3 ogr																					50		50								3
11 x 4 hg																								50		50					4
11 x 5 dg																								25	25	25	25				5
11 x 6 og																									50		50				6
11 x 7 hb																												50	50		7
11 x 8 kb																												25	50	25	8
11 x 9 ma																													50	50	9
11 x 10 whb										50	50																				10
11 x 11 wkb										25	50	25																			11
11 x 12 wma											50	50																			12
11 x 13 hgr/g																				25		25		25		25					13
11 x 14 dgr/g																				13	13	13	13	13	13	13	13				14
11 x 15 ogr/g																					25		25		25		25				15
11 x 16 hgr/b																				25		25						25	25		16
11 x 17 dgr/b I																				4	21	4	21					21	25	4	17
11 x 18 dgr/b II																				21	4	21	4					4	25	21	18
11 x 19 ogr/b																					25		25						25	25	19
11 x 20 hgr/w										13	13									13		13		13		13		13	13		20
11 x 21 dgr/w I										11	13	2								2	11	2	11	2	11	2	11	11	13	2	21
11 x 22 dgr/w II										2	13	11								11	2	11	2	11	2	11	2	2	13	11	22
11 x 23 ogr/w											13	13									13		13		13		13		13	13	23
11 x 24 hg/w										25	25													25		25					24
11 x 25 dg/w I										21	25	4												4	21	4	21				25
11 x 26 dg/w II										4	25	21												21	4	21	4				26
11 x 27 og/w											25	25													25		25				27
11 x 28 hb/w										25	25																	25	25		28
11 x 29 kb/w										13	13	13																13	25	13	29
11 x 30 ma/w											25	25																	25	25	30
	1	2	3	4	5	6	7	8	9	10	11	12	13	14	15	16	17	18	19	20	21	22	23	24	25	26	27	28	29	30	

Tab. 12 Farbenprozente bei Verpaarungen mit Weiß-Mauve (wma)

wma = 12	1	2	3	4	5	6	7	8	9	10	11	12	13	14	15	16	17	18	19	20	21	22	23	24	25	26	27	28	29	30
12 x 1 hgr																						100								
12 x 2 dgr																						50	50							
12 x 3 ogr																							100							
12 x 4 hg																										100				
12 x 5 dg																										50	50			
12 x 6 og																											100			
12 x 7 hb																													100	
12 x 8 kb																													50	50
12 x 9 ma																														100
12 x 10 whb											100																			
12 x 11 wkb											50	50																		
12 x 12 wma												100																		
12 x 13 hgr/g																						50				50				
12 x 14 dgr/g																						25	25			25	25			
12 x 15 ogr/g																							50				50			
12 x 16 hgr/b																						50							50	
12 x 17 dgr/b I																						8	42						42	8
12 x 18 dgr/b II																						42	8						42	8
12 x 19 ogr/b																							50							50
12 x 20 hgr/w											25											25				25			25	
12 x 21 dgr/w I											21	4										4	21			4	21		21	4
12 x 22 dgr/w II											4	21										21	4			21	4		4	21
12 x 23 ogr/w												25											25				25			25
12 x 24 hg/w											50															50				
12 x 25 dg/w I											42	8														8	42			
12 x 26 dg/w II											8	42														42	8			
12 x 27 og/w												50															50			
12 x 28 hb/w											50																		50	
12 x 29 kb/w											25	25																	25	25
12 x 30 ma/w												50																		50

Tab. 13 Farbenprozente bei Verpaarungen mit Hellgrün/Gelb (hgr/g)

hgr/g = 13	1	2	3	4	5	6	7	8	9	10	11	12	13	14	15	16	17	18	19	20	21	22	23	24	25	26	27	28	29	30
13 × 1 hgr	50												50																	
13 × 2 dgr	25	25											25	25																
13 × 3 ogr		50												50																
13 × 4 hg				50									50																	
13 × 5 dg				25	25								25	25																
13 × 6 og					50									50																
13 × 7 hb																50				50										
13 × 8 kb																25		25		25		25								
13 × 9 ma																		50				50								
13 × 10 whb																				50				50						
13 × 11 wkb																				25		25		25		25				
13 × 12 wma																						50				50				
13 × 13 hgr/g	25			25									50																	
13 × 14 dgr/g	13	13		13	13								25	25																
13 × 15 ogr/g		25			25									50																
13 × 16 hgr/b	25												25			25				25										
13 × 17 dgr/b I	4	21											4	21		21		4		21		4								
13 × 18 dgr/b II	21	4											21	4		4		21		4		21								
13 × 19 ogr/b		25												25				25				25								
13 × 20 hgr/w	13			13									25			13				25				13						
13 × 21 dgr/w I	2	11		2	11								4	21		11		2		21		4		11		2				
13 × 22 dgr/w II	11	2		11	2								4	21		2		11		21		4		2		11				
13 × 23 ogr/w		13			13									25				13				25				13				
13 × 24 hg/w				25									25							25				25						
13 × 25 dg/w I				4	21								4	21						21		4		21		4				
13 × 26 dg/w II				21	4								21	4						4		21		4		21				
13 × 27 og/w					25									25								25				25				
13 × 28 hb/w																25				50				25						
13 × 29 kb/w																13		13		25		25		13		13				
13 × 30 ma/w																		25				50				25				

Tab. 14 Farbenprozente bei Verpaarungen mit Dunkelgrün/Gelb (dgr/g)

dgr/g = 14	1	2	3	4	5	6	7	8	9	10	11	12	13	14	15	16	17	18	19	20	21	22	23	24	25	26	27	28	29	30
14 x 1 hgr	25	25											25	25																
14 x 2 dgr	13	25	13										13	25	13															
14 x 3 ogr		25	25											25	25															
14 x 4 hg				25	25								25	25																
14 x 5 dg				13	25	13							13	25	13															
14 x 6 og					25	25								25	25															
14 x 7 hb																25	25			25	25									
14 x 8 kb																13	13	13	13	13	13	13	13							
14 x 9 ma																		25	25				25			25				
14 x 10 whb																				25	25			25	25					
14 x 11 wkb																				13	13	13	13	13	13	13	13			
14 x 12 wma																						25	25			25	25			
14 x 13 hgr/g	13	13		13	13								25	25																
14 x 14 dgr/g	6	13	6	6	13	6							13	25	13															
14 x 15 ogr/g		13	13		13	13								25	25															
14 x 16 hgr/b	13	13											13	13		13	13			13	13									
14 x 17 dgr/b I	2	13	11										2	13	11	11	11	2	2	11	11	2	2							
14 x 18 dgr/b II	11	13	2										11	13	2	2	2	11	11	2	2	11	11							
14 x 19 ogr/b		13	13											13	13			13	13			13	13							
14 x 20 hgr/w	6	6		6	6								13	13		6	6			13	13			6	6					
14 x 21 dgr/w I	1	6	5	1	6	5							2	13	11	5	5	1	1	11	11	2	2	5	5	1	1			
14 x 22 dgr/w II	5	6	1	5	6	1							11	13	2	1	1	5	5	2	2	11	11	1	1	5	5			
14 x 23 ogr/w		6	6		6	6								13	13			6	6			13	13			6	6			
14 x 24 hg/w				13	13								13	13						13	13			13	13					
14 x 25 dg/w I				2	13	11							2	13	11					11	11	2	2	11	11	2	2			
14 x 26 dg/w II				11	13	2							11	13	2					2	2	11	11	2	2	11	11			
14 x 27 og/w					13	13								13	13							13	13			13	13			
14 x 28 hb/w																13	13			25	25			13	13					
14 x 29 kb/w																6	6	6	6	13	13	13	13	6	6	6	6			
14 x 30 ma/w																		13	13			25	25			13	13			

Tab. 15 Farbenprozente bei Verpaarungen mit Olivgrün/Gelb (ogr/g)

ogr/g = 15	1	2	3	4	5	6	7	8	9	10	11	12	13	14	15	16	17	18	19	20	21	22	23	24	25	26	27	28	29	30
15 x 1 hgr		50												50																
15 x 2 dgr		25	25											25	25															
15 x 3 ogr			50												50															
15 x 4 hg					50									50																
15 x 5 dg					25	25								25	25															
15 x 6 og						50									50															
15 x 7 hb																	50				50									
15 x 8 kb																	25		25		25		25							
15 x 9 ma																			50				50							
15 x 10 whb																					50				50					
15 x 11 wkb																					25		25		25		25			
15 x 12 wma																							50				50			
15 x 13 hgr/g		25			25									50																
15 x 14 dgr/g		13	13		13	13								25	25															
15 x 15 ogr/g			25			25									50															
15 x 16 hgr/b		25												25			25				25									
15 x 17 dgr/b I		4	21											4	21		21		4		21		4							
15 x 18 dgr/b II		21	4											21	4		4		21		4		21							
15 x 19 ogr/b			25												25				25				25							
15 x 20 hgr/w		13			13									25			13				25				13					
15 x 21 dgr/w I		2	11		2	11								4	21		11		2		21		4		11		2			
15 x 22 dgr/w II		11	2		11	2								21	4		2		11		4		21		2		11			
15 x 23 ogr/w			13			13									25				13				25				13			
15 x 24 hg/w					25									25							25				25					
15 x 25 dg/w I					4	21								4	21						21		4		21		4			
15 x 26 dg/w II					21	4								21	4						4		21		4		21			
15 x 27 og/w						25									25								25				25			
15 x 28 hb/w																	25				50				25					
15 x 29 kb/w																	13		13		25		25		13		13			
15 x 30 ma/w																			25				50				25			

Tab. 16 Farbenprozente bei Verpaarungen mit Hellgrün/Blau (hgr/b)

hgr/b = 16	1	2	3	4	5	6	7	8	9	10	11	12	13	14	15	16	17	18	19	20	21	22	23	24	25	26	27	28	29	30
16 × 1 hgr	50															50														
16 × 2 dgr	25	25														25	25													
16 × 3 ogr		50															50													
16 × 4 hg												50								50										
16 × 5 dg												25	25							25	25									
16 × 6 og													50								50									
16 × 7 hb							50									50														
16 × 8 kb							25	25								25		25												
16 × 9 ma								50										50												
16 × 10 whb																				50								50		
16 × 11 wkb																				25		25						25	25	
16 × 12 wma																						50							50	
16 × 13 hgr/g	25												25			25				25										
16 × 14 dgr/g	13	13											13	13		13	13			13	13									
16 × 15 ogr/g		25												25			25				25									
16 × 16 hgr/b	25						25									50														
16 × 17 dgr/g	4	21					21	4								25	21	4												
16 × 18 dgr/b II	21	4					4	21								25	4	21												
16 × 19 ogr/b		25						25									25	25												
16 × 20 hgr/w	13						13						13			25				25								13		
16 × 21 dgr/w I	2	11					11	2					2	11		13	11	2		13	11	2						11	2	
16 × 22 dgr/w II	11	2					2	11					11	2		13	2	11		13	2	11						2	11	
16 × 23 ogr/w		13						13						13			13	13			13	13							13	
16 × 24 hg/w													25							50								25		
16 × 25 dg/w I													4	21						25	21	4						21	4	
16 × 26 dg/w II													21	4						25	4	21						4	21	
16 × 27 og/w														25							25	25							25	
16 × 28 hb/w							25									25				25								25		
16 × 29 kb/w							13	13								13		13		13		13						13	13	
16 × 30 ma/w								25										25				25							25	

Tab. 17 Farbenprozente bei Verpaarungen mit Dunkelgrün/Blau Typ I (dgr/b I)

dgr/b I = 17	1	2	3	4	5	6	7	8	9	10	11	12	13	14	15	16	17	18	19	20	21	22	23	24	25	26	27	28	29	30	
17 x 1 hgr	8	42														42		8													1
17 x 2 dgr	4	25	21													21	21	4	4												2
17 x 3 ogr		8	42														42		8												3
17 x 4 hg													8	42						42		8									4
17 x 5 dg													4	25	21					21	21	4	4								5
17 x 6 og														8	42						42		8								6
17 x 7 hb							42	8								8	42														7
17 x 8 kb							21	25	4							4	21	4	21												8
17 x 9 ma								42	8									8	42												9
17 x 10 whb																			8	42								42	8		10
17 x 11 wkb																				4	21	4	21					21	25	4	11
17 x 12 wma																						8	42						42	8	12
17 x 13 hgr/g	4	21											4	21		21		4		21		4									13
17 x 14 dgr/g	2	13	11										2	13	11	11	11	2	2	11	11	2	2								14
17 x 15 ogr/g		4	21											4	21		21		4		21		4								15
17 x 16 hgr/b	4	21					21	4								25	21	4													16
17 x 17 dgr/b I	2	4	18				18	4	2							4	36	4	4												17
17 x 18 dgr/b II	2	21	2				2	21	2							21	4	4	21												18
17 x 19 ogr/b		4	21					21	4								21	4	25												19
17 x 20 hgr/w	2	11					11	2					2	11		13	11	2		13	11	2						11	2		20
17 x 21 dgr/w I	1	11	1				1	11	1				1	11	1	2	11	2	10	10	2	11	2					1	11	1	21
17 x 22 dgr/w II	1	11	1				1	11	1				1	11	1	11	2	2	10	10	2	2	11					1	11	1	22
17 x 23 ogr/w		2	11					11	2					2	11		11	2	13		11	2	13						11	2	23
17 x 24 hg/w													4	21						25	21	4						21	4		24
17 x 25 dg/w I													2	13	11					13	21	4	13					11	13	2	25
17 x 26 dg/w II													11	13	2					13	4	21	13					2	13	11	26
17 x 27 og/w														4	21						21	4	25						21	4	27
17 x 28 hb/w							21	4								4	21			4	21							21	4		28
17 x 29 kb/w							11	13	2							2	11	2	11	2	11	2	11					11	13	2	29
17 x 30 ma/w								21	4									4	21			4	21						21	4	30
	1	2	3	4	5	6	7	8	9	10	11	12	13	14	15	16	17	18	19	20	21	22	23	24	25	26	27	28	29	30	

Tab. 18 Farbenprozente bei Verpaarungen mit Dunkelgrün/Blau Typ II (dgr/b II)

dgr/b II = 18	1	2	3	4	5	6	7	8	9	10	11	12	13	14	15	16	17	18	19	20	21	22	23	24	25	26	27	28	29	30
18 x 1 hgr	42	8														8		42												
18 x 2 dgr	21	25	4													4	4	21	21											
18 x 3 ogr		42	8														8		42											
18 x 4 hg													42	8						8		42								
18 x 5 dg													21	25	4					4	4	21	21							
18 x 6 og														42	8						8		42							
18 x 7 hb							8	42								42	8													
18 x 8 kb							4	25	21							21	4	21	4											
18 x 9 ma								8	42									42	8											
18 x 10 whb																			42	8								8	42	
18 x 11 wkb																				21	4	21	4					4	25	21
18 x 12 wma																						42	8						42	8
18 x 13 hgr/g	21	4											21	4		4		21		4		21								
18 x 14 dgr/g	11	13	2										11	13	2	2	2	11	11	2	2	11	11							
18 x 15 ogr/g		21	4											21	4		4		21		4		21							
18 x 16 hgr/b	21	4					4	21								25	4	21												
18 x 17 dgr/b I	2	21	2				2	21	2							21	4	4	21											
18 x 18 dgr/b II	18	4	2				2	4	18							4	4	36	4											
18 x 19 ogr/b		21	4					4	21								4	21	25											
18 x 20 hgr/w	11	2					2	11					11	2		13	2	11		13	2	11						2	11	
18 x 21 dgr/w I	1	11	1				1	11	1				1	11	1	2	2	21	2	2	21	2	2					1	11	1
18 x 22 dgr/w II	11	1	1				1	1	11				11	1	1	2	2	21	2	2	2	21	2					1	1	11
18 x 23 ogr/w		11	2					2	11					11	2		2	11	13		2	11	13						2	11
18 x 24 hg/w													21	4						25	4	21						4	21	
18 x 25 dg/w I													11	13	2					13	4	21	13					2	13	11
18 x 26 dg/w II													2	13	11					13	4	21	13					2	13	11
18 x 27 og/w														21	4						4	21	25						4	21
18 x 28 hb/w							21	4								4	21			4	21							21	4	
18 x 29 kb/w							2	13	11							11	2	11	2	11	2	11	2					2	13	11
18 x 30 ma/w								4	21									21	4			21	4						4	21

Tab. 19 Farbenprozente bei Verpaarungen mit Olivgrün/Blau (ogr/b)

ogr/b = 19	1	2	3	4	5	6	7	8	9	10	11	12	13	14	15	16	17	18	19	20	21	22	23	24	25	26	27	28	29	30	
19 x 1 hgr		50																50													1
19 x 2 dgr		25	25															25	25												2
19 x 3 ogr			50																50												3
19 x 4 hg														50								50									4
19 x 5 dg														25	25							25	25								5
19 x 6 og															50								50								6
19 x 7 hb								50									50														7
19 x 8 kb								25	25								25		25												8
19 x 9 ma									50										50												9
19 x 10 whb																					50								50		10
19 x 11 wkb																					25		25						25	25	11
19 x 12 wma																							50							50	12
19 x 13 hgr/g		25												25				25				25									13
19 x 14 dgr/g		13	13											13	13			13	13			13	13								14
19 x 15 ogr/g			25												25				25				25								15
19 x 16 hgr/b		25						25									25	25													16
19 x 17 dgr/b I		4	21					21	4								21	4	25												17
19 x 18 dgr/b II		21	4					4	21								4	21	25												18
19 x 19 ogr/b			25						25										50												19
19 x 20 hgr/w		13						13						13			13	13			13	13							13		20
19 x 21 dgr/w I		2	11					11	2					2	11		11	2	13		11	2	13						11	2	21
19 x 22 dgr/w II		11	2					2	11					11	2		2	11	13		2	11	13						2	11	22
19 x 23 ogr/w			13						13						13				25				25							13	23
19 x 24 hg/w														25							25	25							25		24
19 x 25 dg/w I														4	21						21	4	25						21	4	25
19 x 26 dg/w II														21	4						4	21	25						4	21	26
19 x 27 og/w															25								50							25	27
19 x 28 hb/w								25									25				25								25		28
19 x 29 kb/w								13	13								13		13		13		13						13	13	29
19 x 30 ma/w									25										25				25							25	30
	1	2	3	4	5	6	7	8	9	10	11	12	13	14	15	16	17	18	19	20	21	22	23	24	25	26	27	28	29	30	

Tab. 20 Farbenprozente bei Verpaarungen mit Hellgrün/Weiß (hgr/w)

hgr/w = 20	1	2	3	4	5	6	7	8	9	10	11	12	13	14	15	16	17	18	19	20	21	22	23	24	25	26	27	28	29	30
20 x 1 hgr	25												25			25				25										
20 x 2 dgr	13	13											13	13		13	13			13	13									
20 x 3 ogr		25												25			25				25									
20 x 4 hg				25									25							25				25						
20 x 5 dg				13	13								13	13						13	13			13	13					
20 x 6 og					25									25							25				25					
20 x 7 hb							25									25				25								25		
20 x 8 kb							13	13								13		13		13		13						13	13	
20 x 9 ma								25										25				25							25	
20 x 10 whb										25										25				25				25		
20 x 11 wkb										13	13									13		13		13		13		13	13	
20 x 12 wma											25											25				25			25	
20 x 13 hgr/g	13			13									25			13				25			13							
20 x 14 dgr/g	6	6		6	6								13	13		6	6			13	13		6	6						
20 x 15 ogr/g		13			13									25			13				25			13						
20 x 16 hgr/b	13						13						13			25				25								13		
20 x 17 dgr/b I	2	11					11	2					2	11		13	11	2		13	11	2						11	2	
20 x 18 dgr/b II	11	2					2	11					11	2		13	2	11		13	2	11						2	11	
20 x 19 ogr/b		13						13						13			13	13			13	13							13	
20 x 20 hgr/w	6			6			6			6			13			13				25				13				13		
20 x 21 dgr/w I	1	5		1	5		5	1		5	1		2	11		6	5	1		13	11	2		6	5	1		11	2	
20 x 22 dgr/w II	5	1		5	1		1	5		1	5		11	2		6	1	5		13	2	11		6	1	5		2	11	
20 x 23 ogr/w		6			6			6			6			13			6	6			13	13			6	6			13	
20 x 24 hg/w				13						13			13							25				25				13		
20 x 25 dg/w I				2	11					11	2		2	11						13	11	2		13	11	2		11	2	
20 x 26 dg/w II				11	2					2	11		11	2						13	2	11		13	2	11		2	11	
20 x 27 og/w					13						13			13							13	13			13	13			13	
20 x 28 hb/w							13			13						13				25				13				25		
20 x 29 kb/w							6	6		6	6					6		6		13		13		6		6		13	13	
20 x 30 ma/w								13			13							13				25				13			25	

Tab. 21 Farbenprozente bei Verpaarungen mit Dunkelgrün/Weiß Typ I (dgr/w I)

dgr/w I = 21	1	2	3	4	5	6	7	8	9	10	11	12	13	14	15	16	17	18	19	20	21	22	23	24	25	26	27	28	29	30	
21 x 1 hgr	4	21											4	21		21		4		21		4									1
21 x 2 dgr	2	13	11										2	13	11	11	11	2	2	11	11	2	2								2
21 x 3 ogr		4	21											4	21		21		4		21		4								3
21 x 4 hg				4	21								4	21						21		4		21		4					4
21 x 5 dg				2	13	11							2	13	11					11	11	2	2	11	11	2	2				5
21 x 6 og					4	21								4	21						21		4		21		4				6
21 x 7 hb							21	4								4	21			4	21							21	4		7
21 x 8 kb							11	13	2							2	11	2	11	2	11	2	11					11	13	2	8
21 x 9 ma								21	4									4	21			4	21						21	4	9
21 x 10 whb										21	4									4	21			4	21			21	4		10
21 x 11 wkb										11	13	2								2	11	2	11	2	11	2	11	11	13	2	11
21 x 12 wma											21	4										4	21			4	21		21	4	12
21 x 13 hgr/g	2	11		2	11								4	21		11		2		21		4		11		2					13
21 x 14 dgr/g	1	6	5	1	6	5							2	13	11	5	5	1	1	11	11	1	2	5	5	2	1				14
21 x 15 ogr/g		2	11		2	11								4	21		11		2		21		4		11		2				15
21 x 16 hgr/b	2	11					11	2					2	11		13	11	2		13	11	2						11	2		16
21 x 17 dgr/b I	1	11	1				1	11	1				1	11	1	2	11	2	10	10	2	11	2					1	11	1	17
21 x 18 dgr/b II	1	11	1				1	11	1				1	11	1	1	2	20	2	2	20	2	1					1	11	1	18
21 x 19 ogr/b		2	11					11	2					2	11		11	2	13		11	2	13						11	2	19
21 x 20 hgr/w	1	5		1	5		5	1		5	1		2	11		6	8	2		13	11	2		6	5	1		11	2		20
21 x 21 dgr/w I	1	2	3	1	2	3	3	2	1	3	2	1	2	4	8	2	8	2	2	4	10	4	4	2	8	2	2	8	4	2	21
21 x 22 dgr/w II	1	4	1	1	4	1	1	4	1	1	4	1	2	10	2	4	2	2	4	10	4	4	10	4	2	2	4	2	10	2	22
21 x 23 ogr/w		1	5		1	5		5	1		5	1		2	11		5	1	6		11	2	13		5	1	6		11	2	23
21 x 24 hg/w				2	11					11	2		2	11						13	11	2		13	11	2		11	2		24
21 x 25 dg/w I				1	10	2				2	10	1	1	10	2					2	20	2	2	2	20	2	2	2	10	1	25
21 x 26 dg/w II				2	10	1				1	10	2	2	10	1					10	2	2	10	10	2	2	10	1	10	2	26
21 x 27 og/w					2	11					11	2		2	11						11	2	13		11	2	13		11	2	27
21 x 28 hb/w							11	2		11	2					2 •	11			4	21			2	11			21	4		28
21 x 29 kb/w							5	6	1	5	6	1				1	5	1	5	2	11	2	11	1	5	1	5	11	13	2	29
21 x 30 ma/w								11	2		11	2						2	11			4	21			2	11		21	4	30
	1	2	3	4	5	6	7	8	9	10	11	12	13	14	15	16	17	18	19	20	21	22	23	24	25	26	27	28	29	30	

Tab. 22 Farbenprozente bei Verpaarungen mit Dunkelgrün/Weiß Typ II (dgr/w II)

dgr/w II = 22	1	2	3	4	5	6	7	8	9	10	11	12	13	14	15	16	17	18	19	20	21	22	23	24	25	26	27	28	29	30	
22 x 1 hgr	21	4											21	4		4		21		4		21									1
22 x 2 dgr	11	13	2										11	13	2	2	2	11	11	2	2	11	11								2
22 x 3 ogr		21	4											21	4		4		21		4		21								3
22 x 4 hg				21	4								21	4						4		21		4		21					4
22 x 5 dg				11	13	2							11	13	2					2	2	11	11	2	2	11	11				5
22 x 6 og					21	4								21	4						4		21		4		21				6
22 x 7 hb							4	21								21	4			21	4							4	21		7
22 x 8 kb							2	13	11							11	2	11	2	11	2	11	2					2	13	11	8
22 x 9 ma								4	21									21	4			21	4						4	21	9
22 x 10 whb										4	21									21	4			21	4			4	21		10
22 x 11 wkb										2	13	11								11	2	11	2	11	2	11	2	2	13	11	11
22 x 12 wma											4	21										21	4			21	4		4	21	12
22 x 13 hgr/g	11	2		11	2								4	21		2		11		21		4		2		11					13
22 x 14 dgr/g	5	6	1	5	6	1							11	13	2	1	1	5	5	2	2	11	11	1	1	5	5				14
22 x 15 ogr/g		11	2		11	2								21	4		2		11		4		21		2		11				15
22 x 16 hgr/b	11	2					2	11					11	2		13	2	11		13	2	11						2	11		16
22 x 17 dgr/b I	1	11	1				1	11	1				1	11	1	11	2	2	10	10	2	2	11					1	11	1	17
22 x 18 dgr/b II	11	1	1				1	1	11				11	1	1	2	2	20	2	2	2	20	2					1	1	11	18
22 x 19 ogr/b		11	2					2	11					11	2		2	11	13		2	11	13						2	11	19
22 x 20 hgr/w	5	1		5	1		1	5		1	5		11	2		6	1	5	13		2	11		6	1	5		2		11	20
22 x 21 dgr/w I	1	4	1	1	4	1	1	4	1	1	4	1	2	10	2	4	2	2	4	10	4	4	10	4	2	2	4	2	10	2	21
22 x 22 dgr/w II	3	2	1	3	2	1	1	2	3	1	2	3	8	4	2	2	2	8	2	4	4	10	4	2	2	8	2	2	11	8	22
22 x 23 ogr/w		5	1		5	1		1	5		1	5		11	2		1	5	6		2	11	13		1	5	6		2	11	23
22 x 24 hg/w				11	2					2	11		11	2						13	2	11		13	2	11		2	11		24
22 x 25 dg/w I				1	2	10				10	2	1	1	21	10					2	2	21	2	2	21	2	2	10	2	1	25
22 x 26 dg/w II				10	2	1				1	2	10	10	2	1					2	2	21	2	2	2	21	2	1	2	10	26
22 x 27 og/w					11	2					2	11		11	2						2	11	13		11	2	13		2	11	27
22 x 28 hb/w							2	11		2	11					11	2			21	4			11	2	13		4	2		28
22 x 29 kb/w							1	6	5	1	6	5				5	1	5	1	11	2	11	2	5	1	5	1	2	13	11	29
22 x 30 ma/w								2	11		2	11						11	2			21	4			11	2		4	21	30
	1	2	3	4	5	6	7	8	9	10	11	12	13	14	15	16	17	18	19	20	21	22	23	24	25	26	27	28	29	30	

Tab. 23 Farbenprozente bei Verpaarungen mit Olivgrün/Weiß (ogr/w)

ogr/w = 23	1	2	3	4	5	6	7	8	9	10	11	12	13	14	15	16	17	18	19	20	21	22	23	24	25	26	27	28	29	30	
23 x 1 hgr		25												25				25				25									1
23 x 2 dgr		13	13											13	13			13	13			13	13								2
23 x 3 ogr			25												25				25				25								3
23 x 4 hg					25									25								25				25					4
23 x 5 dg					13	13								13	13							13	13			13	13				5
23 x 6 og						25									25								25				25				6
23 x 7 hb								25									25				25								25		7
23 x 8 kb								13	13								13		13		13	13							13	13	8
23 x 9 ma									25										25			25								25	9
23 x 10 whb											25										25				25				25		10
23 x 11 wkb											13	13									13		13		13		13		13	13	11
23 x 12 wma												25											25				25			25	12
23 x 13 hgr/g		13			13									25				13				25				13					13
23 x 14 dgr/g		6	6		6	6								13	13			6	6			13	13			6	6				14
23 x 15 ogr/g			13			13									25				13				25				13				15
23 x 16 hgr/b		13						13						13			13	13			13	13							13		16
23 x 17 dgr/b I		2	11					11	2					2	11		11	2	13		11	2	13						11	2	17
23 x 18 dgr/b II		11	2					2	11					11	2		2	11	13		2	11	13						2	11	18
23 x 19 ogr/b			13						13						13				25				25							13	19
23 x 20 hgr/w		6			6			6			6			13			6	6			13	13			6	6			13		20
23 x 21 dgr/w I		1	5		1	5		5	1		5	1		2	11		5	1	6		11	2	13		5	1	6		11	2	21
23 x 22 dgr/w II		5	1		5	1		1	5		1	5		11	2		1	5	6		2	11	13		1	5	6		2	11	22
23 x 23 ogr/w			6			6			6			6			13				13				25				13			13	23
23 x 24 hg/w					13						13			12							13	13			13	13			13		24
23 x 25 dg/w I					2	11					11	2		2	11						11	2	13		11	2	13		11	2	25
23 x 26 dg/w II					11	2					2	11		11	2						2	11	13		2	11	13		2	11	26
23 x 27 og/w						13						13			13								25				25			13	27
23 x 28 hb/w								13			13						13				25				13				25		28
23 x 29 kb/w								6	6		6	6					6		6		13		13		6		6		13	13	29
23 x 30 ma/w									13			13							13				25				13			25	30
	1	2	3	4	5	6	7	8	9	10	11	12	13	14	15	16	17	18	19	20	21	22	23	24	25	26	27	28	29	30	

Tab. 24 Farbenprozente bei Verpaarungen mit Hellgelb/Weiß (hg/w)

hg/w = 24	1	2	3	4	5	6	7	8	9	10	11	12	13	14	15	16	17	18	19	20	21	22	23	24	25	26	27	28	29	30
24 x 1 hgr													50							50										
24 x 2 dgr													25	25						25	25									
24 x 3 ogr														50							50									
24 x 4 hg				50																				50						
24 x 5 dg				25	25																			25	25					
24 x 6 og					50																				50					
24 x 7 hb																				50								50		
24 x 8 kb																				25		25						25	25	
24 x 9 ma																						50							50	
24 x 10 whb										50														50						
24 x 11 wkb										25	25													25		25				
24 x 12 wma											50															50				
24 x 13 hgr/g				25									25							25				25						
24 x 14 dgr/g				13	13								13	13						13	13			13	13					
24 x 15 ogr/g					25									25							25				25					
24 x 16 hgr/b													25							50								25		
24 x 17 dgr/b I													4	21						25	21	4						21	4	
24 x 18 dgr/b II													21	4						25	4	21						4	21	
24 x 19 ogr/b														25							25	25							25	
24 x 20 hgr/w				13						13			13							25				25				13		
24 x 21 dgr/w I				2	11					11	2		2	11						13	21	4		13	21	4		11	2	
24 x 22 dgr/w II				11	2					2	11		11	2						13	2	11		13	2	1		2	11	
24 x 23 ogr/w					13						13			13							13	13			13	13			13	
24 x 24 hg/w				25						25														50						
24 x 25 dg/w I				4	21					21	4													25	21	4				
24 x 26 dg/w II				21	4					4	21													25	4	21				
24 x 27 og/w					25						25														25	25				
24 x 28 hb/w										25										25				25				25		
24 x 29 kb/w										13	13									13		13		13		13		13	13	
24 x 30 ma/w											25											25				25			25	

Tab. 25 Farbenprozente bei Verpaarungen mit Dunkelgelb/Weiß Typ I (dg/w I)

dg/w I = 25	1	2	3	4	5	6	7	8	9	10	11	12	13	14	15	16	17	18	19	20	21	22	23	24	25	26	27	28	29	30
25 x 1 hgr													8	42						42		8								
25 x 2 dgr													4	25	21					21	21	4	4							
25 x 3 ogr														8	42						42		8							
25 x 4 hg				8	42																			42		8				
25 x 5 dg				4	25	21																		21	21	4	4			
25 x 6 og					8	42																			42		8			
25 x 7 hb																				8	42							42	8	
25 x 8 kb																				4	21	4	21					21	25	4
25 x 9 ma																						8	42						42	8
25 x 10 whb										42	8													8	42					
25 x 11 wkb										21	25	4												4	21	4	21			
25 x 12 wma											42	8														8	42			
25 x 13 hgr/g				4	21								4	21						21		4		21		4				
25 x 14 dgr/g				2	13	11							2	13	11					11	11	2	2	11	11	2	2			
25 x 15 ogr/g					4	21								4	21						21		4		21		4			
25 x 16 hgr/b													4	21						25	4	21						21	4	
25 x 17 dgr/b I													2	13	11					13	21	4	13					11	13	2
25 x 18 dgr/b II													11	13	2					13	4	21	13					2	13	11
25 x 19 ogr/b														4	21						21	4	25						21	4
25 x 20 hgr/w				2	11					11	2		2	11						13	11	2		13	11	2		11	2	
25 x 21 dgr/w I				1	10	2				2	10	1	1	10	2					2	20	2	2	2	20	2	2	2	10	1
25 x 22 dgr/w II				1	2	10				10	2	1	1	2	10					2	2	20	2	2	2	20	2	10	2	1
25 x 23 ogr/w					2	11					11	2		2	11						11	2	13		11	2	13		11	2
25 x 24 hg/w				4	21					21	4													25	21	4				
25 x 25 dg/w I				2	5	18				18	5	2												5	36	5	5			
25 x 26 dg/w II				2	21	2				2	21	2												21	4	4	21			
25 x 27 og/w					4	21					21	4													21	4	25			
25 x 28 hb/w										21	4									4	21			4	21			21	4	
25 x 29 kb/w										11	13	2								2	11	2	11	2	11	2	11	11	13	2
25 x 30 ma/w											21	4										4	21			4	21		21	4

Tab. 26 Farbenprozente bei Verpaarungen mit Dunkelgelb/Weiß Typ II (dg/w II)

dg/w II = 26	1	2	3	4	5	6	7	8	9	10	11	12	13	14	15	16	17	18	19	20	21	22	23	24	25	26	27	28	29	30	
26 x 1 hgr													42	8						8		42									1
26 x 2 dgr													21	25	4					4	4	21	21								2
26 x 3 ogr														42	8						8		42								3
26 x 4 hg				42	8																			8		42					4
26 x 5 dg				21	25	4																		4	4	21	21				5
26 x 6 og					42	8																			42		8				6
26 x 7 hb																				42	8							8	42		7
26 x 8 kb																				21	4	21	4					4	25	21	8
26 x 9 ma																						42	8						8	42	9
26 x 10 whb										8	42													42	8						10
26 x 11 wkb										4	25	21												21	4	21	4				11
26 x 12 wma											8	42														42	8				12
26 x 13 hgr/g				21	4								21	4						4		21		4		21					13
26 x 14 dgr/g				11	13	2							11	13	2					2	2	11	11	2	2	11	11				14
26 x 15 ogr/g					21	4								21	4						4		21		4		21				15
26 x 16 hgr/b													21	4						25	4	21						4	21		16
26 x 17 dgr/b I													11	13	2					13	4	21	13					2	13	11	17
26 x 18 dgr/b II													11	13	2					13	4	21	13					2	13	11	18
26 x 19 ogr/b														21	4						4	21	25						4	21	19
26 x 20 hgr/w				11	2					2	11		11	2						13	2	11		13	2	11		2	11		20
26 x 21 dgr/w I				2	10	1				1	10	2	2	10	1					10	2	2	10	10	2	2	10	1	10	2	21
26 x 22 dgr/w II				10	2	1				1	2	10	10	2	1					2	2	20	2	2	2	20	2	1	2	10	22
26 x 23 ogr/w					11	2					2	11		11	2						2	11	13		2	11	13		2	11	23
26 x 24 hg/w				21	4					4	21													25	4	21					24
26 x 25 dg/w I				2	21	2				2	21	2												21	4	4	21				25
26 x 26 dg/w II				18	5	2				2	5	18												5	5	36	5				26
26 x 27 og/w					21	4					4	21													4	21	25				27
26 x 28 hb/w										4	21									21	4			21	4			4	21		28
26 x 29 kb/w										2	13	11								11	2	11	2	11	2	11	2	2	13	11	29
26 x 30 ma/w											4	21										21	4			21	4		4	21	30
	1	2	3	4	5	6	7	8	9	10	11	12	13	14	15	16	17	18	19	20	21	22	23	24	25	26	27	28	29	30	

Tab. 27 Farbenprozente bei Verpaarungen mit Olivgelb/Weiß (og/w)

og/w = 27	1	2	3	4	5	6	7	8	9	10	11	12	13	14	15	16	17	18	19	20	21	22	23	24	25	26	27	28	29	30
27 × 1 hgr														50								50								
27 × 2 dgr														25	25							25	25							
27 × 3 ogr															50								50							
27 × 4 hg					50																				50					
27 × 5 dg					25	25																			25	25				
27 × 6 og						50																				50				
27 × 7 hb																					50							50		
27 × 8 kb																					25		25					25		25
27 × 9 ma																							50							50
27 × 10 whb											50														50					
27 × 11 wkb											25	25													25		25			
27 × 12 wma												50															50			
27 × 13 hgr/g					25									25								25				25				
27 × 14 dgr/g					13	13								13	13							13	13			13	13			
27 × 15 ogr/g						25									25								25				25			
27 × 16 hgr/b														25							25	25							25	
27 × 17 dgr/b I														4	21						21	4	25						21	4
27 × 18 dgr/b II														21	4						4	21	25						4	21
27 × 19 ogr/b															25								50							25
27 × 20 hgr/w					13						13			13							13	13			13	13			13	
27 × 21 dgr/w I					2	11					11	2		2	11						11	2	13		11	2	13		11	2
27 × 22 dgr/w II					11	2					2	11		11	2						2	11	13		2	11	13		2	11
27 × 23 ogr/w						13						13			13								25				25			13
27 × 24 hg/w					25						25														25	25				
27 × 25 dg/w I					4	21					21	4													21	4	25			
27 × 26 dg/w II					21	4					4	21													4	21	25			
27 × 27 og/w						25						25															50			
27 × 28 hb/w											25										25				25				25	
27 × 29 kb/w											13	13									13		13		13		13		13	13
27 × 30 ma/w												25											25				25			25

Tab. 28 Farbenprozente bei Verpaarungen mit Himmelblau/Weiß (hb/w)

hb/w = 28	1	2	3	4	5	6	7	8	9	10	11	12	13	14	15	16	17	18	19	20	21	22	23	24	25	26	27	28	29	30	
28 x 1 hgr																50				50											1
28 x 2 dgr																25	25			25	25										2
28 x 3 ogr																	50				50										3
28 x 4 hg																				50				50							4
28 x 5 dg																				25	25			25	25						5
28 x 6 og																					50				50						6
28 x 7 hb							50																					50			7
28 x 8 kb							25	25																				25	25		8
28 x 9 ma								50																					50		9
28 x 10 whb										50																		50			10
28 x 11 wkb										25	25																	25	25		11
28 x 12 wma											50																		50		12
28 x 13 hgr/g																25				50				25							13
28 x 14 dgr/g																13	13			25	25			13	13						14
28 x 15 ogr/g																	25				50				25						15
28 x 16 hgr/b							25									25				25								25			16
28 x 17 dgr/b I							21	4								4	21			4	21							21	4		17
28 x 18 dgr/b II							4	21								21	4			21	4							4	21		18
28 x 19 ogr/b								25									25				25								25		19
28 x 20 hgr/w							13			13						13				25				13				25			20
28 x 21 dgr/w I							11	2		11	2					2	11			4	21			2	11			21	4		21
28 x 22 dgr/w II							2	11		2	11					11	2			21	4			11	2			4	21		22
28 x 23 ogr/w								13			13						13				25				13				25		23
28 x 24 hg/w										25										25				25				25			24
28 x 25 dg/w I										21	4									4	21			4	21			21	4		25
28 x 26 dg/w II										4	21									21	4			21	4			4	21		26
28 x 27 og/w											25										25				25				25		27
28 x 28 hb/w							25			25																		50			28
28 x 29 kb/w							13	13		13	13																	25	25		29
28 x 30 ma/w								25			25																		50		30

1 2 3 4 5 6 7 8 9 10 11 12 13 14 15 16 17 18 19 20 21 22 23 24 25 26 27 28 29 30

Tab. 29 Farbenprozente bei Verpaarungen mit Kobalt/Weiß (kb/w)

kb/w = 29	1	2	3	4	5	6	7	8	9	10	11	12	13	14	15	16	17	18	19	20	21	22	23	24	25	26	27	28	29	30
29 x 1 hgr																25		25		25		25								
29 x 2 dgr																13	13	13	13	13	13	13	13							
29 x 3 ogr																	25		25		25		25							
29 x 4 hg																				25		25		25		25				
29 x 5 dg																				13	13	13	13	13	13	13	13			
29 x 6 og																					25		25		25		25			
29 x 7 hb							25	25																				25	25	
29 x 8 kb							13	25	13																			13	25	13
29 x 9 ma								25	25																				25	25
29 x 10 whb										25	25																	25	25	
29 x 11 wkb										13	25	13																13	25	13
29 x 12 wma											25	25																	25	25
29 x 13 hgr/g																13		13		25		25		13		13				
29 x 14 dgr/g																6	6	6	6	13	13	13	13	6	6	6	6			
29 x 15 ogr/g																	13		13		25		25		13		13			
29 x 16 hgr/b							13	13								13		13		13		13						13	13	
29 x 17 dgr/b I							11	13	2							2	11	2	11	2	11	2	11					11	13	2
29 x 18 dgr/b II							2	13	11							11	2	11	2	11	2	11	2					2	13	11
29 x 19 ogr/b								13	13								13		13		13		13						13	13
29 x 20 hgr/w							6	6		6	6					6		6		13		13		6		6		13	13	
29 x 21 dgr/w I							5	6	1	5	6	1				1	5	1	5	2	11	2	11	1	5	1	5	11	13	2
29 x 22 dgr/w II							1	6	5	1	6	5				5	1	5	1	11	2	11	2	5	1	5	1	2	13	11
29 x 23 ogr/w								6	6		6	6					6		6		13		13		6		6		13	13
29 x 24 hg/w										13	13									13		13		13		13		13	13	
29 x 25 dg/w I										11	13	2								2	11	2	11	2	11	2	11	11	13	2
29 x 26 dg/w II										2	13	11								11	2	11	2	11	2	11	2	2	13	11
29 x 27 og/w											13	13									13		13		13		13		13	13
29 x 28 hb/w							13	13		13	13																	25	25	
29 x 29 kb/w							6	13	6	6	13	6																13	25	13
29 x 30 ma/w								13	13		13	13																	25	25

Tab. 30 Farbenprozente bei Verpaarungen mit Mauve/Weiß (ma/w)

ma/w = 30	1	2	3	4	5	6	7	8	9	10	11	12	13	14	15	16	17	18	19	20	21	22	23	24	25	26	27	28	29	30
30 × 1 hgr																		50				50								
30 × 2 dgr																		25	25			25	25							
30 × 3 ogr																			50				50							
30 × 4 hg																						50				50				
30 × 5 dg																						25	25			25	25			
30 × 6 og																							50				50			
30 × 7 hb								50																					50	
30 × 8 kb								25	25																				25	25
30 × 9 ma									50																					50
30 × 10 whb											50																		50	
30 × 11 wkb											25	25																	25	25
30 × 12 wma												50																		50
30 × 13 hgr/g																		25				50				25				
30 × 14 dgr/g																		13	13			25	25			13	13			
30 × 15 ogr/g																			25				50				25			
30 × 16 hgr/b								25										25				25							25	
30 × 17 dgr/b I								21	4									4	21			4	21						21	4
30 × 18 dgr/b II								4	21									21	4			21	4						4	21
30 × 19 ogr/b									25										25				25							25
30 × 20 hgr/w								13			13							13				25				13			25	
30 × 21 dgr/w I								11	2		11	2						2	11			4	21			2	11		21	4
30 × 22 dgr/w II								2	11		2	11						11	2			21	4			11	2		4	21
30 × 23 ogr/w									13			13							13				25				13			25
30 × 24 hg/w											25											25				25			25	
30 × 25 dg/w I											21	4										4	21			4	21		21	4
30 × 26 dg/w II											4	21										21	4			21	4		4	21
30 × 27 og/w												25											25				25			25
30 × 28 hb/w								25			25																		50	
30 × 29 kb/w								13	13		13	13																	25	25
30 × 30 ma/w									25			25																		50

Literaturverzeichnis

Armour, M. D. S.: Exhibition Budgerigars. Iliffe Press, London 1952.
Armour, M. D. S.: Inbreeding Budgerigars. Iliffe Press, London 1957.
The Duke of Bedford: Homing Budgerigars. Iliffe Press, London.
Brooks, E. W.: Development of color in Budgerigars.
Carpentier, R.: La perruche ondulée. Boubée & Cie, Paris.
Crew, F. A. E.: Genetics of the Budgerigar. 1935.
Duncker, H.: Vererbungslehre für Kleinvogelzüchter. Leipzig 1929.
Enehjelm, C. af: Das Buch vom Wellensittich. Pfungstadt 1957.
Mme. Feuillée-Billot: Perroquets, Perruches, Colombes. La Maison Rustique, Paris.
Flowers, M. L. and Flora: Parrakeets, their Care and Breeding. Reseda, USA.
Flowers, M. L. and Flora: Teaching the Budgerigar to Talk. Reseda, USA.
Grasl, N.: Der sprechende Wellensittich. Philler Verlag, Minden.
Grasl, N.: Der Wellensittich, seine Pflege und Zucht. Philler Verlag, Minden.
Grasl, N.: Vererbungsregeln für den Wellensittichzüchter.
Kokemüller, K.: Farbentabelle für Wellensittiche.
Legendre, M.: La perruche ondulée et les inséparables. Boubée & Cie, Paris.
Murray, Marie: The Talking Budgie. Audubon Publ. Co., Chicago, USA.
Neunzig, K.: Der Wellensittich. Magdeburg.
Raethel, H.-S.: Krankheiten der Vögel. Das Vivarium. Kosmos-Gesellschaft der Naturfreunde – Franckh'sche Verlagshandlung, Stuttgart 1968.
Radtke, G. A.: Die Farbschläge des Wellensittichs. Lehrmeister-Bücherei Nr. 820. Philler Verlag, Minden 1967.
Ragotzi, B.: Freude am Wellensittich. Reimer Verlag, Berlin 1951–1956.
Rogers, C. H.: A–Z Budgerigars. Max Parrish, London.
Rogers, C. H.: Budgerigars. Foyles, London.
Rogers, C. H.: Budgerigars and How to Breed Them. Iliffe Press, London 1962.
Rutgers, A.: Tropische Volièrevogels. Uitg. L.S.M., Joppe.
Schräpel, J.: Die beste Art, Wellensittiche zu züchten.
Steiner, H.: Vererbungsstudien am Wellensittich. Orell, Füssli, Zürich 1928.
Marques of Tavistock: Parrots and parrot-like birds. F. V. White & Co., London.
Taylor, T. G.: Feeding Exhibition Budgerigars. Iliffe Press, London 1958.
Taylor and Warner: Genetics for Budgerigar Breeders. Iliffe Press, London 1961.
Thiebes, A.: Der Wellensittich. Seine Haltung, Pflege und Zucht. Lehrmeister-Bücherei Nr. 820, Philler Verlag, Minden.
Völker, H.: Melopsittacus Vererbungskreis, Bad Kreuznach.
Watmough, W.: The Cult of the Budgerigars. Iliffe Press, London 1960.
Wilson, A.: Talking Budgerigars. Iliffe Press, London.

Zeitschriften

American Cage Birds Magazine: Audubon Publ. Co, Chicago, USA.
Avicultural Magazine: Avicultural Society, London.
Budgerigar Bulletin: Budgerigar Society, London.
Budgerigar Mating and Colour Expectations: Budgerigar Society, London.
Cage and Aviary Birds, IPC Business Press (Sales & Distribution) Ltd., P.O. Box 147, 40 Bowling Green Lane, London, EC 1 P 1 DB, England.
Die Vogelpost, Blätter für Vogelfreunde. Verlag: Die Vogelpost, Werdohl.
Nachrichten der Austauschzentrale der Vogelliebhaber und Züchter Deutschlands e. V. (AZ-Nachrichten). Zu beziehen nur als AZ-Mitglied über die AZ-Verwaltung: Rudolf Engel, 8 München 80, Wilramstr. 63.

Register

Nymphensittiche
Haltung, Zucht und Farbmutationen
Von G. A. Radtke, Wohltorf i. Lauenburg
Etwa 100 Seiten mit 35 Farbfotos, 10 Schwarzweißfotos und Zeichnungen
Kt. ca. DM 28,– (erscheint II. Quartal)

Kanarien
Gesangskanarien, Farbenkanarien, Positurkanarien, Mischlinge
Von H. Bielfeld, Hamburg
Erweiterte 3. Auflage. 232 Seiten mit 65 Farb- und 13 Schwarzweißfotos
Kst. DM 36,–

Insektenfresser
Von W. Baars, Hennef
238 Seiten mit 52 Farbfotos und Zeichn.
Kst. DM 38,– (Reihe Exot. Ziervögel)

Prachtfinkenzüchtung
Domestizierung, Vererbung und Farbschläge bei Zebrafink, Japanischem Mövchen und Reisfink
Von R. Jödicke, Düsseldorf
Verb. und erw. 2. Aufl. 193 Seiten mit 49 Farbfotos, 12 Zeichn. und 9 Vererbungsschemata. Kst. DM 42,–

Prachtfinken
Ihre Haltung und Pflege
Von H. Bielfeld, Hamburg
Neubearb. und erw. 3. Auflage. 195 Seiten mit 75 Farb- und 9 Schwarzweißfotos
Kst. DM 38,–

Gouldamadinen
Haltung, Zucht und Farbspielarten
Von H. Bielfeld, Hamburg
Etwa 100 Seiten mit 35 Farbfotos und 20 Zeichnungen. Kt. ca. DM 28,– (erscheint II. Quartal '85)

Kolibris
Ihre Lebensweise und Haltung
Von H. Folger, München
174 Seiten mit 74 Farbfotos, 18 Zeichnungen und 1 Verbreitungskarte. Ln. mit Schutzumschlag DM 58,– (Reihe Exotische Ziervögel)

Einheimische Singvögel
Schutz, Pflege und Zucht
Von H. Bielfeld, Hamburg
128 Seiten mit 54 Farbfotos und 31 Zeichnungen. Kt. DM 14,80 (Ulmer TB 9)

Rassetauben
Zucht, Haltung und Flugsport
Von H. Mackrott, Kiel
177 Seiten mit 99 Farb-, 16 Schwarzweißfotos, und 31 Zeichnungen. Kst. DM 42,–

Brieftauben
Von W. Grundel, Greven
3. Auflage. 151 Seiten mit 13 Farb-, 26 Schwarzweißfotos und Zeichnungen.
Kst. DM 36,–

Erhältlich in Ihrer Buch(Fach)handlung
oder beim **Verlag Eugen Ulmer**
Postfach 70 05 61, 7 Stuttgart 70

E.U.
VERLAG
EUGEN
ULMER